돌봄과 지원고용

돌봄과
지원고용

한뼘문고
09

이환복 지음
돌봄과미래 기획

건가
미디어
협동조합

여러분의 참여로 이 책이 태어납니다.
씨앗과 햇살이 되어주신 분들, 참 고맙습니다.

김미희 김용익 김유라 김정은 박경덕 백재중 심재식 양동석 오춘희 우석균 유기훈
이광호 임종길 장숙랑 장창현 전진용 정유진 조원경 최규진 돌봄과미래　(20명)

지은이 이환복

충남 논산에서 태어나 대건고등학교와 한남대학교 정치외교학과 졸업. 1993 년 한국장애인고용공단에 입사해 현재까지 장애인 직업재활 업무를 수행. 30 년 이상 공단 업무에 성실히 임하는 한편 연구에도 최선을 다함. 2020년 행정 학(공공사회복지) 박사 학위를 받음. 저서『장애인 복지론』(공저),『내 인생의 일모작을 마무리하며』,『골프비록』

기획 돌봄과미래

아프다고, 늙었다고, 장애를 가졌다고 병원이나 시설에 가지 않아도 되는 삶, 스스로 인간다운 생을 이어가는 삶, 가족이 돌봄 부담을 떠안지 않는 삶을 위해 설립된 비영리 공익법인이자 사회운동단체

추천사

장숙랑 _중앙대학교 적십자간호대학 교수

『돌봄과 지원고용』은 장애인 고용과 돌봄이 서로 분리된 것이 아니라 상호 연결되었음을 설득력 있게 말해 줍니다. 건강과 기능 상태에 따른 차별 없는 고용이 사회적 책임의 차원으로만 거론되지 않기를, 돌봄의 중요한 축으로 바라보기를 촉구합니다. 그래야 거동이 불편해도 경제적 자립과 자아실현을 추구하는 기회를 제공하는 게 가능해집니다.

돌봄 개념의 본질을 재조명하며, 돌봄은 육체적, 정서적 지원에 그치는 것이 아니라 사회적, 경제적 의미의 활동이라는 점을 강조합니다. 특히 장애인 고용을 돌봄의 일환으로 다루는 방식은 기존의 복지적 접근을 넘어, 사회 구성원으로서 장애인이 경험하는 경제적 자립과 사회적 참여를 가능하게 하는 중요한 역할을 합니다.

저자는 이를 통해서 돌봄의 사회화가 왜 중요한지를, 특히 저출생과 고령화 사회에서 그 중요성이 더욱 강조된다고 설명합니다.

이 책은 중증 장애인 고용에 관한 한국의 정책 변화를 깊이 분석하면서, 장애인 고용촉진법과 관련된 제도적 발전과 그 실제적 영향력을 다룹니다. 장애인이 사회적 자원으로서 가치를 창출하고, 동시에 보호자들의 돌봄 부담을 경감하며 장애인 당사자, 가족, 기업, 그리고 나아가 사회 전반이 이익을 보는 긍정적인 순환 구조가 형성된다는 점을 강조합니다.

지원고용 제도에 대해서 상세히 설명하며, 잘 몰랐던 중요 정보도 제공해 줍니다. 중증 장애인을 위한 지원고용 프로그램이 실질적인 고용 기회를 창출하는 과정과 장애인의 직업 적응을 돕는 훈련 시스템의 구체적 사례 덕분에 쉽게 이해하게 되었습니다.

그뿐 아니라 이런 제도가 미국을 포함한 여러 선진국의 장애인 고용 정책과 어떤 차이가 있는지, 앞으로 어떻게 발전 가능한지도 친절하게 설명합니다.

이 책을 통해 장애인 고용이 복지 차원의 요구와 반응이 아닌, 사회적 책임의 일환으로 재구성되는 시각을 갖게 될 것입니다. 따라서 정책을 다루는 사람들, 돌봄과 정책을 공부하는 사람들, 연구자들에게 꼭 필요한 기초 필독서라고 생각합니다.

차 례

들어가며

돌봄(Caring Work)은 필요한 사람에게 도움을 제공하는 것을 포함하여 대상자를 돌보기 위한 모든 활동을 일컫는다. 돌봄노동은 흔히 어린이, 환자, 노인, 장애인 등 약자를 부양하는 것으로 간주 되곤 한다. 하지만 양육자, 자원봉사자의 무급노동뿐만 아니라 보육, 교육, 의료 및 건강관리 관련 직업에 종사하는 사람들의 유급노동 역시 돌봄노동이다.

돌봄은 유년기와 노년기는 물론 전 연령에 걸쳐 모두에게 필수 불가결 요소이다. 안락한 삶을 위해 개인에게도 돌봄이 중요하지만, 국가 차원에서도 돌봄이 없다면 사회가 생산적으로 작동하기 힘들다.

과거에는 가족 구성원이 돌봄을 책임졌다. 하지만 지금은 '돌봄의 사회화'로 우리 사회가 돌봄을 분담해야 한다는 공감대가 어느 정도 이루어졌다. 누구는 부유한 가정에서 태어나서 충분한 돌봄을 받고, 누구는 가난한 가정에서 태어나서 돌봄을 받지 못하기도 한다. 돌봄을 가족에만 맡기면 중증 장애인은 시설에 격리될 수밖에 없다. 이들은 정상적인 사회활동을 보장받지 못하게 된다. 그래서 가정은 물론 기업, 사회, 국가가 돌봄에 대한 역할을 나눠 맡아야 한다.

저출생, 고령화로 한 가족이 돌봄을 전담하기는 더욱 어려워졌다. 예전에 비해 지금은 기대수명이 늘어 중증 장애인에게 돌봄이 필요한 시간도 많이 늘었다. 저출생으로 가족 구성원 수도 줄었다. 과거에는 대가족이어서 가족 구성원들이 분담을 통해 중증 장애인 돌봄이 가능했다. 지금은 가족 내 돌봄 분담이 어렵다. 돌봄을 전담하는 가족 구성원은 사회활동을 포기해야 하는 상황이다.

그러므로 사회가 중증 장애인의 돌봄 부담을 덜어주어야 한다. 그렇지 않으면 중증 장애인은 차가운 사각지대에 방치될 위험이 커진다. 돌봄을 위한 사회적, 제도적 기반을 확충해야 한다.

이렇듯 우리 사회에 돌봄이 필요한 장애인이 많이 존재한다. 돌봄의 가치 확장적 측면에서 볼 때 장애인 고용은 돌봄에서 중요한 역할을 수행한다. 장애인도 사회적 존재이므로 사회참여를 통해서만 비로소 자아실현을 이루게 된다.

일을 한다는 것은 삶의 질을 높이는 것일 뿐만 아니라 사회 구성원으로서 책임과 의무를 다하는 것이다. 헌법에서도 보장하듯이 근로의 의무가 엄연히 존재하고 직업을 통해 가정, 사회, 국가가 균형 있게 성장·발전한다.(이환복, 2018)

중증 장애인 일자리 제공이 최적화된 맞춤형 복지 실현이다. 일을 한다는 것은 국가와 사회에 대한 기여뿐만 아니라 개인의 소득과 자립, 사회구성원으로 당당한 자기결정의 삶을 구현하는 것이다. 지금까지 정부는 중증 장애인 고용을 위해 다각적인 정책을 수행하여 가시적인 성과를 내기도 했다.

1990년 「장애인 고용촉진 등에 관한 법률」 시행으로 한국장애인고용공단(이하 공단)이 설립되고, 장애인 고용에 대한 사회적 관심과 실천이 이어졌다. 과거에는 장애인이 취업하기에 사회적 장벽이 많았다. 물론 그 장벽을 극복하고 취업하여 근로를 유지하기도 하였다.

청각장애인의 경우 단순 제조업체에 취직하여 일하는 경우가 있다. 업무 지시가 단순명료하면 생산량은 비장애인과 비교해서 유의한 차이가 없었다. 청각장애인은 근로 기회 유지를 위해 비장애인보다 더 열심히 일하므로 사업주로부터 장애인에 대한 인식을 새롭게 하는 계기가 되었다. 사업주는 기존의 청각장애인과 유사한 인성, 근로 능력을 갖춘 청각장애인 고용을 희망하고 실제 다수 고용하는 경우가 있었다. 그 외 장애 유형도 마찬가지라 하겠다.

그러나 이런 방식은 지속가능하지 않다. 장애인 중에도 인성이 안 좋거나, 불성실한 경우도 있어 바로 고용 확대로 이어지기 어려웠다. 지금까지 우리 사회에서 장애인 고용은 사회문제로 인식되었다. 이에 한국장애인고용공단에서는 장애인 고용을 위해 다양하게 시도했다. 그중 가장 오래 진행한 것이 중증 장애인 지원고용 제도이다. 이를 통해 중증 장애인 고용 확대가 이루어졌으며 특히 정신적 장애인 중 지적 및 자폐장애인에게 취업 기회를 제공하는 데 중요한 역할을 하였다.

최근 지적, 자폐, 정신장애인 출현이 급격히 증가하였다. 특히 발달장애인은 전체 장애인 인구의 9.7%를 차지하고, 연평균 2.8%씩 증가하는 추세이다.(통계청, 2021) 장애인 취학 동안 학업과 돌봄이 같이 필요하다. 보호자는 장애인이 졸업 후 취업으로 이어져 돌봄의 문제도 같이 해결되기를 바란다. 이들에게 중증 장애인 지원고용은 취업의 징검다리이다.

중증 장애인 지원고용 프로그램은 장애인 채용을 희망하는 사업체에 중증 장애인을 우선 배치한다. 수행할 업무를 미리 훈련시켜 중증 장애인의 취업을 지원한다. 기본 3-7주부터 최대 6개월까지 현장훈련을 실시한 후 취업으로 연계한다. 훈련 기간 직무지도원을 배치하여 교통, 직장 내 기본 규칙, 일상생활 관리, 대인관계, 작업 도구 사용, 작업 태도 등에 관한 지도를 통해 직장 적응력을 제고하여 취업 후 직업안정을 도모한다.

지원고용 제도는 미국에서 먼저 시행해 왔으며, 우리도 미국의 제도를 참고하여 시행하였다. 이 제도는 대상체계, 전달체계, 정부의 지원체계, 서비스체계로 구성된다.

이들 제도적 구성 요소가 발전적인 방향으로 나가기 위해서는 한국과 미국의 체계를 살펴보고 이를 토대로 발전 방향에 대해 논의하는 것이 중요하다. 그래야 지원고용 제도의 활성화가 중증 장애인 고용 확대와 더불어 보호자의 돌봄 부담을 줄여 주게 된다. 더 나아가 주요 선진국의 장애인 고용 정책과 장애인 고용 사례를 살펴보고 좋은 제도는 벤치마킹할 필요가 있다.

지금까지 중증 장애인 지원고용이 중증 장애인 고용 활성화에 충분히 기여한 만큼 이 제도를 더욱 발전시켜 나가야 한다. 이 제도를 통해 중증 장애인이 더 많이 고용되도록 해야 할 것이다. 그러면 중증 장애인 보호자의 돌봄 부담이 기업과 사회로 분산하는 효과가 있어 중증 장애인 당사자, 보호자, 기업, 우리 사회가 좀 더 생산적으로 발전할 것으로 생각한다.

장애 돌봄,
장애인 사회참여 및
지원고용 개념과
사업 개요

지원고용을 통한 중증 장애인 취업은 장애 돌봄이 개별영역에서 기업과 사회로 돌봄 영역이 확대되는 결과로 이어진다. 여기서는 장애 돌봄의 개념, 장애인과 사회통합적 관계성, 장애인 취업(지원고용)의 순기능과 지원고용 사업 개요에 대해 알아본다.

1. 장애 돌봄

　장애인이란 신체적 또는 정신적으로 오랫동안 일상생활이나 사회생활에 어려움이 있는 사람을 말한다.(「장애인 복지법」 제2조) 이런 이유로 장애인에게 일정 정도의 돌봄이 필요한데 특히 중증 장애인은 요구도가 더 높다.

　한국 사회의 장애인 복지는 2000년 이전에는 시설을 통한 장애인 돌봄이 복지 요체로서 주요하게 차지하였다. 1988년 서울

올림픽을 계기로 「심신장애인 복지법」이 제정되고, 장애인 복지관과 특수학교, 주간보호 등 장애인 복지와 관련해 여러 가지 서비스가 확대되었지만, 권리 중심의 장애인 복지가 본격화된 것은 2000년 이후다. 그리고 장애인 복지에서 가장 중요한 영역을 차지하는 부분은 '삶에 대한 지원'이었다.

2000년 이전에는 장애인과 그 가족이 함께 살다가 가족 구성원이 돌봄 부담을 감당하지 못하면 24시간 생활하는 시설로 갈 수밖에 없었다. 최근 들어 중증 장애인 탈시설화가 이슈화되는 것도 동일한 맥락이라 하겠다. 중증 장애인의 시설 입소로 인해 인권 침해, 이동권의 제약 등 자기결정권에 심대한 타격을 안겨준 측면이 있었다.

시설화를 탈피해야 한다는 운동이 시작되어 중증 장애인 탈시설화에 대한 사회 저변 인식도 점점 향상되는 추세이다. 장애인 당사자들의 활동과 인식개선, 그리고 정부의 장애인 복지 재정의 확대로 서비스가 늘어나기 시작하였다. 장애인이 지역사회에서 비장애인과 다르지 않은 동등한 구성원으로 살아가도록 하는 복지지원 서비스도 확대되었다.

장애 돌봄은 세 가지 범주로 구성된다. 손상, 활동, 참여가 중심 영역이다. 과거에는 손상에 집중하여 장애가 개인의 문제와 책임으로 인식되었던 반면, 현재는 활동과 참여를 중심으로 장애인의 삶의 문제로 접근함으로써 장애의 책임은 국가와 사회에 있다고 인식한다. 그리고 그 중심에 활동지원과 돌봄의 이슈가 제기되었다. 즉 시설 입소냐 장애인 가족이 돌봄 부담을 온전히 감당하느냐의 기로에서 지역사회가 함께 책임지는 다양한 방안과 실천이 있는 사회로 발전하였다.

장애인을 위한 서비스는 수요를 따라가지 못하고, 이용 기간이 끝나면 다시 가족 부담으로 이동되는 악순환이 반복되었다. 이 같은 수요와 공급의 문제가 해결되어야 한다. 그리고 각각의 서비스가 장애인 당사자를 위해 충분히 만족할 만큼의 수준과 질을 가지고 제공되어야 한다. 부모의 돌봄 부담을 경감시키는 것만이 목적이 아니라 장애인 당사자 삶의 질을 어떻게 향상시킬 것인가가 돌봄서비스의 목적이 되어야 한다.

따라서 장애인 당사자의 삶의 질을 향상시키고 지역사회에서 생활하며 돌봄 기능을 유지하기 위해서 장애인이 직업을 가지고, 경제적 자립과 자아실현을 통해 행복한 삶을 유지하는 것이 해법이다. 돌봄에서 고용으로 전이됨에 따라 돌봄 부담이 줄고 중증 장애인의 생산적이고 가치 있는 삶이 보장된다. 기업이 장애인 고용 역할과 사회적 책임을 다함에 따라 우리 사회가 좀 더 선진 시민사회로 이행가게 된다.

2. 장애인과 사회통합적 관계성

인간은 사회관계 속에서 생활하고 성장한다. 그래야 사회구성원으로서 역할을 다하고 권리 및 의무를 수행하게 된다. 장애인이 탈시설화 과정을 통해 사회참여와 활동을 영위하도록 점차 변화되는 추세이다. 그런 측면에서 장애에 대한 우리 사회의 인식과 태도가 많이 개선되었다.

장애는 의료적 대상인 동시에 사회적 대상이다. 장애를 생물학적 비정상으로 보는 의료적 모델과 생활의 불편을 겪게 하는 환경이 장애를 만든다고 보는 사회적 모델이 있다. 관점에 따라 둘 중 한 가지를 선택하게 된다.

의료적 모델은 장애인이 생활하며 겪는 문제를 해결하기 위해 장애인의 신체를 개별 대상으로 보는 반면, 사회적 모델은 장애를 참여 대상으로 본다는 점에서 장애에 대한 두 관점은 양립하기 어려워 보인다. 예컨대 데이비드 파이퍼(2021)는 의료적 모델을 회복 불가능한 장애를 가진 사람을 시설에 수용하게 만든 모델이라 비판하고, 이와 상반되는 것으로 '장애학 패러다임'을 설명하며 이 패러다임에 입각한 인식과 사유만이 장애학이라고 주장한다.

장애인이 교육받을 권리는 사회성의 구현이며, 사회구성원의 삶의 토대가 되는 중요한 기능적 역할을 수행하는 것이다.

1980년대 미국에서 장애학이 등장하기 수십 년 전부터 지속해 왔던 장애 인권 운동은 이미 장애학 패러다임이 제시하는 사회적 관점을 선택하였다. 20세기 초중반 미국에서 장애 인권 운동의 개입 대상은 신체가 아니었다. 치료가 필요한 문제는 신체가 아니라 그와 관련해 불편을 겪는 사회적 환경이었다. 이와 같은 패러다임에 입각하여 장애인 운동은 건물에 휠체어 접근을 가능하게 하고, 장애인 교육법을 만들고, 장애인 교육을 통해 탈시설화의 결실을 이루었다.(최바름, 2023)

사회적 관점에서 장애인의 신체와 주변 환경에 많은 변화를 이끌어낸 것이 20세기 북미의 장애인 당사자 운동이다. 많은 장애인 운동이, 장애를 의료적으로 규제해야 할 문제로 인식해 비윤리적으로 치료, 감금, 낙태하게 하는 의료적 모델을 거부한 반면 사회적 모델을 인정하고 지지했다. 이런 장애인 운동의 흐름은 국내에서도 비슷하게 이어지며 탈시설과 자립, 장애인 등급제 폐지, 의무고용, 통합교육, 장애인 이동권, 활동지원사 서비스, 저상버스, 문화활동 등 다양한 정책 대안의 운동과 정책들을 발전 확장시켰다.

한편 의료적 모델이 사회적 모델보다 항상 우위에 있다거나 두 모델이 확실히 구분되는 건 아니다. '바뀌어야 하는 것은 장애인의 신체가 아니라 사회적 인식의 변화다'와 같은 사회적 모델에 입각한 미사여구는 그것을 의료적 모델의 대척점에 서게 하는 측면이 있다. 하지만 장애를 개인의 문제로 생각하는 의료적 모델만큼이나 사회적 모델 역시 개인과 주변 환경이 분리되어 있다고 가정한다.

콜린 반스(2017)는 장애에 대한 의료적 모델과 사회적 모델 모두 신체의 손상에 관해서 만큼은 동일한 관점으로 일관한다고 지적한다. 두 모델 모두 마치 신체의 손상이 갖는 의미가 언제나 분명한 것으로 전제한 상태에서 이에 의료적 혹은 환경적으로 관련된다는 것이다. 이런 관점에서는 장애인에 대한 사회적 차별을 줄이는 데 기여하였다. 사회적 모델은 '현상적 존재로서의 손상'에 무관심하다. 그리고 개인의 자율성과 고유성이 사회에서 배제당하고 있다는 것이다. 그 주장은 개인과 사회가 분리되어 있다는 가정하에 성립되는 것이다.(Desjarlais, 1999) 배제당한 것을 돌려달라고 요구하는 과정에서 개인은 시혜와 동정 같은 측은지심에 기대는 것이 아니라 권리를 강화하는 방식으로 발전하게 되었다.(Mckearney, 2017) 이런 방식 안에서 '정부가 장애인의 노동권을 침해한다' '정책적으로 장애인의 노동권을 보장해야 한다' 같은 구호가 현실화되며 자연스럽게 정책에도 반영된다. 장애인 노동권의 중요성도 부각되었다.

더 나아가 투쟁을 통해 개인의 권리를 강조하는 이런 방식은 강력한 언어적 힘을 가지며 주변 환경과 개인을 분리하기도 한다. 이것은 20세기 북미 장애인 당사자 운동과 장애학, 그리고 국내 장애 인권 운동으로도 이어졌다. 예컨대 '권리 중심 공공일자리'라는 명칭에서도 드러나듯 보장받아야 할 권리라는 자유주의적 이상과 수사적 언어로 주목을 받게 되었다.

장애인이 배제당해서는 안 되는 천부적 권리를 갖는다는 수사는 권리 중심 공공일자리 사업의 존재 의미를 정당화해 준다. 이것은 중요한 선언적 의미 체계로 이어진다. 권리 중심 공공일자리의 추진 법적 근거를 어디에서 찾든(서울시 장애인 복지정책과, 2020; 서울장애인차별철폐연대, 2020; 서울특별시, 2022) 장애인의 권리가 배제당하지 않아야 한다는 것은 권리 중심 공공일자리의 중요한 근거가 된다.

장애인에게 배제당해서는 안 되는 천부적 권리가 있고 그것을 사회가 보장해야 한다는 주장은 20세기 북미 장애인 당사자 운동과 사회적 관점의 장애학으로 지속해 온 이래로 한국에서도 변화를 주도하며 많은 진전을 보였다.

장애인 개개인의 천부적 권리를 내세워 의미 있는 변화를 얻어내고는 있으나, 실제 삶의 환경에서 제대로 실현시키는 것은 상당히 어렵다.(김도현, 2019) 지금까지 자유주의 권리개념이 비판받아 온 이유는 권리가 주변인들의 역할과 의무 속에서 지켜질 수 있다는 점에 대해 침묵으로 일관해 왔기 때문이다. 개인의 신성불가침한 권리에 너무 매몰되어온 경향이 있었다.

노들야학은 장애인에게 학업의 기회를 제공한 측면이 있다.

이는 장애인의 권리의식 고양과 더불어 사회구성원으로 사회적 지위를 공고히 견인해 주었다. 장애인의 권리 중심 공공일자리 성과를 이룩하는 데 있어서 노들야학의 자유주의적 권리 개념은 중요한 실천 기제로 작용했다. 장애인의 삶을 가족과 개인의 책임으로 전가해 왔던 인식을 사회와 국가로 이양되도록 토대를 마련했다.

톰 셰익스피어(2013)는 장애를 항상 개인과 구조라는 두 가지 요인의 상호작용을 통해 의료적 모델과 사회적 모델의 한계성을 극복한다고 보았다. 그에게는 장애인 개인이 갖는 손상과 장애인을 억압하는 사회 모두 중요하지만 동시에 그것들 모두 본질적인 문제가 아니다. 오히려 중요한 것은 실질적으로 어떤 상호작용이 그 사이에서 이루어지는지의 문제다. 이렇게 본다면 장애인이 노동자가 된다거나 권리를 갖는다는 것 자체가 중요한 것이라기보다 장애인이 노동자가 됨으로써 혹은 권리를 가짐으로써 그가 어떤 사회적 관계 내에서 어떤 상호작용을 할 수 있느냐의 문제가 중요한 것이다. 특정한 관계 및 상호작용에서는 손상과 장애의 의미가 전혀 달라져 폭압이나 스티그마 같은 것들로 의미가 퇴색된다.

장애인에게 얼마나 권리, 주체성, 자유 등을 보장하는지의 문제보다는 장애인이 어떤 경험을 하는지의 문제가 더 중요하다. 영국 돌봄 단체를 이끄는 대표 주자인 패트릭 맥커니

(Mckearney, 2017)는 학습장애인들이 공적 공간에서 독립적, 주체적 주권을 가짐으로써 시민 구성원이 된다고 주장한다. 그가 '주류 모델'이라고 부르는 이런 돌봄 방식이 높은 수준의 사회적 지원이 요구되는 중증 학습장애인들에게 별 도움이 안 되거나 오히려 그들을 취약하게 만든다는 것이다.

맥커니는 이에 대조되는 모델로 기독교 돌봄 단체 라흐슈(L'Arche)에서 학습장애인들이 정치적 시민이 되는 방식을 제시한다. 학습장애인들은 라흐슈라는 공적 공간에서 독립적인 개인이 되는 것을 통해서가 아니라 장기적 관계에 의존하면서 사적 공간에서의 시민이 된다. 주방, 거실, 정원처럼 사적인 것으로 여겨지는 공간은 현실적으로 이들이 타인과 관계를 맺는 가장 정치적인 공간이며 이런 점에서 공적이며 사적인 구분은 중요하지 않다는 것이다. 주류 모델의 관점에서는 이것이 자유의 제약으로 보이겠지만 맥커니는 오히려 이것이 학습장애인을 돌보고 시민으로 만드는 실질적이고 좋은 방식이라고 본다는 것이다.

맥커니는 자유주의 모델을 비판하고 경험적으로 학습장애인에게 더 적절한 방식을 제안했다. 그의 논의는 자유주의 모델(주류 모델)로부터 의존 모델(라흐슈 모델)을 대립시키고 그 중 의존 모델을 지지하는 방식으로 전개된다. 이는 개인론적 관점 대 관계론적 관점이라는 이분법을 강하게 유지하고 오히려 그것을 재생산하는 것이다.

이런 방식으로는 노들야학에서 생겨나는 사회적 관계성을 정확히 파악하고 분석하기 어렵다. 노들야학의 중증 발달장애인에서는 자기결정, 자립, 노동, 사회참여, 개인의 권리 등을 추구함에도 비독립적 관계가 만들어지는 것이 아니라 오히려 그것을 추구하면서 독립적 사회관계가 만들어지기 때문이다. 여러 가지 자유주의적 목표를 지향할 때 노들야학에서는 일단 사회적 관계성이 만들어진다. 최중증 발달장애인과 함께 그것을 이루기 위해서는 주변의 관심과 지원이 필수적이기 때문이다.

최중증 발달장애인의 주변에 만들어지는 이런 사회적 관계성은 외부의 공적 공간에도 변화를 만들어내며 확장된 것으로, 노들야학 내부에 머무는 것이 아니라는 점이다. 장애는 공적 공간에 불만을 만들어내며 이는 정치적 참여와 투쟁의 한 가지 형태다.(Simplican, 2015)

랍과 긴즈버그(Rapp & Ginsburg, 2001)는 이미 오래전에 장애가 친족과 시민권의 범주를 다시 회상하게 한다고 주장했다. 이런 주장은 비장애 중심적 가정과 배제 효과를 폭로하고 주류적 재현과 관행을 뒤흔드는 장애의 효과에 주목하는 크립(Crip) 이론[1](Sandahl, 2003)과도 연계되어 있다. 장애가 인간 삶의 모든

---

1. 퀴어(성 소수자) 이론과 장애학이 결합된 이론

면에 중요하게 관계하며 이를 적극 받아들이고 세계를 장애화하는(Cripping) 식으로 세계화를 구축하는(Worlding) 주변 사람들과 사회 환경에 주목한다.(Ginsburg & Rapp, 2013)

그러므로 어포던스(Affordance) 개념을 통해 장애인이 적절히 상호작용하는 환경을 만드는 과정을 구체적이고 물리적인 것으로 파악할 것이다. 어포던스는 심리학자 제임스 깁슨(Gibson, 1977)에 의해 처음 제안된 개념이다. 만약 땅 위에 놓인 사물이 충분히 평평하고, 고르고, 단단하고, 넓은 표면을 갖고 있고 또 그것이 양발로 걷는 인간의 무릎 정도 높이로 올라와 있으면, 그것은 앉을 수 있게 한다(It affords sitting-on)는 것이다.(Gibson, 1977)

누군가 앉을 수 있게 하는 어포던스를 알아채고 실제로 앉을 수도 있지만 외면할 수도 있다. 투명한 유리로 되어 있으면 보지 못하고 지나치거나 잘못 인지해 충돌하기도 한다. 이처럼 무언가의 어포던스는 동물(환경을 지각하는 유기체)에게 지각되는 물질과 표면 특징의 조합이라는 점에서 그것은 사물, 자연 그리고 인간까지도 포함하는 환경과 그것을 인지하는 이의 관계에 대한 개념이다.(Gibson, 1977)

사물과 자연은 물론이고 인간까지도 포함하는 모든 환경에 어포던스는 존재한다. 깁슨은 가장 풍부하고 세밀한 어포던스는 다른 동물 곧 다른 사람들로부터 제공된다고 생각했다. 아셸리 도쿠마지(Dokumaci, 2020)는 어포던스로서 사람(People as Affordances)이라는 개념을 제안하며 사람을 포함한 주변 환경이 장애인에게 어떤 어포던스를 제공하는지에 대해 기술했다. 도쿠마지의 이런 작업은 스스로 밝히고 있듯 긴즈버그와 랍(Ginsburg&Rapp, 2013, 2017; Rapp&Ginsburg, 2001)의 작업들과 공동전선을 형성하는 것이다.

긴즈버그와 랍이 사회와 장애인의 관계를 주로 장애 운동과 제도 정치의 차원에서 논한 것과 달리 도쿠마지는 보다 일상적인 환경 차원에서 어포던스 구축에 대해 다룬다. 예를 들어 도쿠마지는 류마티스 관절염이 야기하는 고통 때문에 학교까지 걸어갈 수 없던 아멧(Ahmet)의 사례를 소개한다. 아멧이 학교에 갈 수 있도록 학창 시절 내내 그를 통학시킨 아버지의 행위를 저자는 어포던스라는 개념으로 설명한다. 노들야학 활동가들과 공적 공간이라는 환경이 최중증 발달장애인과 적절한 상호작용을 가능하게 하는 어포던스를 제공하며 그들을 인간으로 또 노동자로 실천하는 방향으로 이끌 것이다. 장애인에게 노동의 가치와 의미를 부여해 주는 것으로 발전해 왔다.

3. 장애인과 취업(지원고용)

　중증 장애인 지원고용 제도는 미국에서 시행한 제도를 국내 실정에 맞게 적용해 왔다. 미국의 지원고용 대상자는 최중증 장애인이고 지원고용 서비스를 받으려면 적격성 판정을 받아야 한다. 직업재활 서비스 급여대상자의 적격성 및 재활서비스 급여내용을 결정하기 위한 요건으로는 이 유형에 속하는 장애인이 '이동능력, 의사소통 기술, 자기관리 기술, 자기결정력, 대인관계 기술, 직무기술, 작업 지속성'과 관련하여 2개 이상 기준에 해당하면 '심한 장애(Significant Disabilities)'라 하고, 4개 기준에 해당하면 '최중증 장애(The Most Significant Disabilities)'로 판정한다.(최진 외, 2001)

　이것은 「재활법(Rehabilitation Act)」이 장애의 손상 유무 정도로 장애를 평가하는 것이 아니라 직무능력과 관련한 한 가지 이상의 능력에 중대한 영향을 초래하는 신체적, 정신적 장애가 있는 경우를 중증 장애로 보고 고용 측면에서 장애를 판단한다는 것이다. 미국은 이런 기준에 의거하여 장애인 직업재활 서비스를 제공받을 대상자 우선순위를 선정한다.

　따라서 독립적인 기능 또는 취업능력이 장애로 인해 심하게 손상되는 자로 인정받아 중증 장애인으로 판정되면, 「재활법」 6조 21항에 의거 장기간의 종합적인 직업재활 서비스가 요구

되는 대상자로 간주한다.(심진예 외, 2005)

지원고용이 미국 직업재활 서비스의 중심축 역할을 하는 또 다른 이유는 장애인이 고용 달성 후 일정 기간 직업을 유지하도록 전문가의 지원을 지속적으로 제공하기 때문이다. 지원고용 서비스는 다음과 같은 절차로 진행된다.(오길승, 1998)

첫 번째, 장애인의 욕구, 흥미, 직무기능을 평가하고 이를 토대로 취업이 가능한 작업장을 선별해서 개발한 다음 그 작업장에서 필요한 직무기능을 분석하는 작업을 진행한다.

두 번째, 이후 내담자 평가를 통해 확보한 장애인의 정보와 분석한 직무기능을 바탕으로 장애인에게 일자리를 배치하는 직업배치(Job Placement)가 우선 시행된다.

세 번째, 작업장에 배치된 장애인에게 직무수행과 관련된 기술을 지도하는 직업 현장훈련(Job Site Training)을 진행한다.

네 번째, 배치된 장애인이 작업장에서 어느 정도 업무를 수행하는지를 도출하기 위해 평가(Assessment)가 진행된다.

다섯 번째, 작업 과정에서 발생하는 문제점을 초기 진단하여 협상하는 적응 지도(Follow-up)가 마지막 단계로 시행된다.

현재 지원고용 서비스는 미국에서 중증 장애인의 고용 확대를 위한 대표 프로그램으로 확실하게 자리 잡았으며(Sowers & Powers, 1989; Wehman et al., 1995) 대상도 확대되어 발달장애인 이외의 장애인에게도 적용된다. 지원고용이 장애인 직업재활 서비스에서 중요한 점은 많은 장애인이 훈련을 마친 후에도 작업장에 배치되지 못하는 어려움을 해결하고자 '선배치-후훈련(Pre-placement, Post-training)'의 원칙을 선택한다는 점이다.(오길승, 1998) 이것은 장애인을 먼저 직업에 배치한 후 직무지도원을 연결하여 직무수행을 위한 지도 및 훈련, 교통수단 등 필요한 모든 지원을 제공하는 방식이다.

지원고용 모델로는 개별배치 모델, 소집단 모델, 이동 작업대원 모델, 소기업 모델 등이 있다. 이들 모델에 대한 특징과 장단점을 비교하면 다음과 같다.(박희찬, 2017)

1) 개별배치 모델(Individual Placement Model)

지원고용의 가장 기본적인 형태인 개별배치 모델은 직무지도원이 장애인을 1명씩 맡아 사업체에서 훈련을 시키고 지속적으로 그 자리를 유지하도록 필요한 훈련과 사후지도 서비스를 제공하는 것으로 선배치-후훈련 서비스 형태이다.

이 모델의 긍정적 측면은 첫째, 낮은 생산성 때문에 고용되지 않았던 많은 장애인에게 고용 기회를 제공하고, 둘째, 지원고용 전문가가 작업장에 배치되어 일대일로 지원이 이루어지므로 지원이 효과적이며, 셋째, 지원고용 대상자의 월평균 임금이 다른 모델에 비해 높다.

단점도 있다. 첫째, 수용할 만한 행동기준이 지원고용 대상업체에 의해 정해지기 때문에 작업장에 적응하는 데 제한이 있을 수 있고, 둘째, 과제가 매일 변화되어 중증 장애인이 적응하기 어려울 수 있고, 셋째, 프로그램의 효과는 소수의 지원고용 전문가에게 달려있고, 넷째, 직무지도가 작업 시간에만 부분적으로 주어지므로 훈련을 하는 데 어려움이 있을 수 있고, 다섯째, 1인당 지원고용 훈련 비용이 다른 모델에 비해 더 많이 소요된다.(전영환, 2012)

2) 소집단 모델(Enclave Model)

보통 3-8명의 장애인을 묶는 소집단 모델은 일반적으로 개별배치 모델보다 심한 장애를 가지고 있어 개별적인 통합이 어려운 경우에 사용하는 모델이다.

이 모델의 긍정적인 측면은 다음과 같다. 첫째, 지원고용 대상자의 통합과 수용을 향상할 수 있도록 사업체 내부의 전문직원이 투입될 수 있다. 둘째, 다양한 지원이 필요하기 때문에 작업장을 이용할 수 없는 중증 장애인에게도 작업장에 쉽게 접근할 수 있는 기회를 제공한다. 셋째, 작업수행 기준을 계속 유지하는 데 필요한 지원고용 전문가의 지도가 집중적이며 지속적으로 제공된다. 넷째, 유사한 직업 흥미와 목표, 서비스 욕구를 가진 사람이 모여 있으므로 고용전문가의 시간 사용이 효율적이다.

그에 반하여 단점도 있다. 첫째, 지원고용 대상자의 고용의 질이 그들을 위해 일하는 상급자 멘토의 능력에 의존하게 되며, 둘째, 사업체가 지원고용 대상자 중 일부에서 일어나는 돌발행동에 적절히 대응해야 한다.(전영환, 2012)

3) 이동 작업대원 모델(Mobile Crew Model)

이동 작업대원 모델은 소집단 모델처럼 보통 3-8명의 작업자를 연결 지어서 고용시키는 집단고용의 방식을 취하지만 고정된 장소에서 일하는 것이 아니라 공공건물, 청소대행을 비롯하여 빌딩이나 극장 관리, 제설작업, 도색작업 등 지역사회를 이동하며 하청 작업을 수행한다.

이 모델의 긍정적인 측면은 다음과 같다. 첫째, 작업상의 변수를 쉽게 조정할 수 있다. 둘째, 서비스 제공자들은 지역사회 안에서 작업하는 사람, 작업배치 계획, 특별히 생산수준이 낮은 장애인의 관리, 차량 관리, 그리고 고용의 가능성을 결정짓는 다른 요소들을 보다 잘 통제한다.

그에 반해 단점도 있다. 첫째, 장애인들이 함께 이동하기 때문에 이 모델은 통합의 가치가 조금은 떨어지는 경향이 있고,

둘째, 이동 작업대에서 비장애인 근로자와의 접촉 기회가 급격히 낮아진다.(전영환, 2012)

4) 소기업 모델(Small Business Model)

상품을 생산하거나 서비스를 제공하는 소기업 모델은 소규모의 사업체를 설립, 운영하는 방식이다. 이들 소기업은 사업체 운영을 통해 수익을 얻고 이를 채용 장애인들의 임금으로 지불하는 통상적인 일반기업의 형태로 운영된다. 기존 주간보호센터 혹은 작업활동센터에서 서비스를 받던 중증 장애인에게 유급의 기회를 제공한다는 게 긍정적인 측면이다.

단점은 다음과 같다. 첫째, 작업장에서 작업과 프로그램이 동시에 이루어지므로 작업을 하는 동안 사회적 통합을 위한 기회를 갖기가 부족할 가능성이 있다. 둘째, 일부 하청 중심으로 이루어지는 소기업은 하청 물량에 따라 고용 여부가 결정되는 기존 보호작업장의 한계점을 그대로 갖게 된다.(전영환, 2012)

이처럼 지원고용에는 다양한 모델들이 있는데 실제 지원고용 실천 현장에서는 지원고용의 발생지인 미국뿐만 아니라 국내에서도 개별배치 모델이 70-80% 이상 적용됨을 알 수 있다.(Wehman & Bricout, 2001; 김종인, 2001)

국내에서는 개별배치 모델 이외에 개별 사업체에 4-5명의 중증 장애인을 함께 배치해서 지원 서비스를 제공하는 소집단 모델과 세차 직무[2]와 환경미화 분야에서 부분적으로 이동 작업 대원 모델을 시도한 사례가 있으나 개별배치 모델에 비해 활발하게 전개되지는 못하는 게 현실이다. 그래서 직무지도원 1명당 장애인 1명을 배치하는 개별배치 모델과 직무지도원 1명당 장애인을 여러 명 배치하는 소집단 모델이 가장 일반적으로 적용된다. 직무지도원과 장애인이 일대일로 배치되므로 학습 및 훈련 효과가 높아 훈련 후에도 적응을 잘하고 업무효율도 높아지므로 보호자와 기업이 선호하는 모델로 발전하였다.

---

2. 세차 직무는 2003년 현대오일뱅크 중증 장애인 지원고용을 통해 취업으로 이어졌으며, 그 이후에 LG전자 자회사 전부와 한국타이어 자회사, SK이노베이션 자회사 등 많은 기업에서 중증 장애인 지원고용을 통해 취업이 이루어졌다. 특히 한국장애인고용공단의 취업 성공 패키지 참여를 통해 2단계 중증 장애인 지원고용으로 취업이 되어 1년간 근속유지할 경우 150만 원 취업 성공 수당을 장애인 받을 수 있어 근속 유지에 긍정적으로 작용한다. 다음은 취업 성공 패키지 단계별 서비스 체계도이다.

1단계 상담 및 취업계획(1개월 이내)	2단계 취업역량강화(12개월 이내)	3단계 고용유지(최대 6개월 이내)
• 초기상담 및 직업평가 • 심층상담 • 개별취업활동계획 • [II유형] 심층·집중상담 <참여수당> 15만원	• 취업코칭프로그램 • 취업지원프로그램 • 취업브릿지프로그램 • 내일배움카드훈련 • 취업알선(최대6개월) • (II유형)구직촉진수당 <참여수당> 프로그램참여 최대 10만원 훈련과정 최대 28만4천원 구직촉진수당 월 50만원	<취업성공수당> 최대 150만원 • 3개월근속 30만원 • 6개월근속 40만원 • 12개월근속80만원

인지능력이 양호하거나 직업훈련을 마친 중증 장애인들에게 소집단 모델은 직무지도원이 간헐적으로 지원하기 때문에 훈련생들에게 자립심과 동시에 단시간 적응능력을 키워주므로 우리나라에서 지원고용의 대표적인 모델로 발전하였다.

이동 작업대원 모델은 3-8명의 집단 고용 방식인데 실제 이들 스스로 작업장을 이동하면서 일을 하기도 힘들지만 새로운 작업장에서 원활하게 적응하기도 어렵고, 작업 물량 부족으로 하청을 의뢰하는 업체가 드물어서 발전하지 못한 측면이 있다.

장애인으로 구성되는 소기업 모델은 보통은 장애인 가족이나 이해기관들이 운영하는 방식으로 이루어진다. 또한 기업들도 의무고용률이 있어 장애인들을 고용해야 부담금을 내지 않게 되고, 특히 더블 카운트[3]라는 제도가 있어 중증 장애인들을 고용하면 경증 장애인 2명 고용하는 것과 같은 효과로 일반 사업체를 중심으로 중증 장애인 지원고용 프로그램이 진행된다.

따라서 지원고용 전문가들이 실천 현장에서 지원고용의 다양한 모델을 적용할 때는 지역사회의 노동시장 현황, 직무특성, 지원고용 프로그램 참여자의 장애 특성(욕구, 흥미, 적성, 능력 수준

---

3. 2010년부터 시행한 제도로서 중증 장애인(「장애인 고용촉진 및 직업재활법」상 중증 장애인은 1-2급에 해당하는 장애인과 뇌병변, 시각, 지적, 자폐성, 정신, 심장, 호흡기, 뇌전증 및 팔에 장애가 있는 지체장애인 3급이 해당)의 고용은 고용 의무 인원 및 부담금에 대한 인원 산정에 있어 그 인원의 2배수를 고용한 것으로 산정해 주는 제도(단, 월 소정 근로시간이 60시간 미만인 경우는 싱글 카운트 적용)

등) 등을 감안하여 개별화 원칙에 따라 적용해야 할 것이며 기존에 이론적으로 소개된 모델을 보다 보완, 발전시켜나가야 할 것이다.(김무웅 외, 2005)

2장

우리나라 중증 장애인 지원고용 제도

이 장에서는 중증 장애인 지원고용 제도가 한국에서 제도적으로 안착하기 위한 법적 근거 및 배경, 지원고용 내용 및 사업 추진 절차, 직무지도원, 지원고용 민간 위탁, 지원고용의 효과에 대해 알아본다.

1. 지원고용의 법적 근거 및 추진 배경

1990년 장애인의 고용 기회 확대를 위해 「장애인 고용촉진 등에 관한 법률」이 제정되었다. 그 후 10년이 지난 2000년 1월 12일에 「장애인 고용촉진 및 직업재활법」으로 전부 개정되면서 중증 장애인 특별 지원을 위한 제도적 장치로 제12조에 지원고용 조항을 신설하였다. 이 시기부터 지원고용 프로그램을 실행할 수 있는 법적 토대가 마련되었고 한국장애인고용공단을 비롯한 많은 직업재활 기관에서 지원고용 프로그램을 시행하기 시작했다.

「장애인 고용촉진 및 직업재활법」 제13조에는 고용노동부 장관과 보건복지부 장관은 중증 장애인 중 사업주가 운영하는 사업장에서는 직무 수행이 어려운 장애인이 직무를 수행할 수 있도록 지원고용을 실시하고 필요한 지원을 하도록 했다. 구체적인 지원 내용 및 기준 등의 사항은 대통령령으로 정한다고 되어 있다.

1993년 서울장애인종합복지관에서는 학과, 훈련 분야 중심 직업훈련 체계에서 벗어나 지원고용 중심 현장훈련 체계로 전환을 시도하였다. 1994년에는 서울시 소재 서부장애인종합복지관에서 재가 성인 재활 프로그램의 일환으로 지원고용 시범 프로그램을 통해 모델 개발을 시도하였다.

1994년도부터 1997년 사이 공단의 지원고용 사업은 정신장애인 직업 영역 확대 사업이라는 이름으로 실시되었다. 시범사업 실행을 위한 사업지침 수립은 연구개발 전담부서에서 주관하였다. 공단은 1994년에 현장실습 형태의 정신지체인 직업 영역 확대 사업을 시범사업으로 실시했다. 안산 반월공단 신풍제약에서 실시된 1차 시범사업은 포장 및 운반 등의 단순 반복 직무에 8명의 지적장애인을 대상으로 24일간 현장실습을 실시하여 2명이 취업 되었다. 시범사업은 비장애인 근로자들과 통합된 환경, 현장 직무분석, 직무지도원 배치 등 지원고용 모델

의 형태를 수립했다.(이수용 외, 2022)

공단은 중증 장애인의 고용 확대를 위해 시범사업을 1996년에는 5개 지방사무소로 늘렸으며 1997년에는 전국의 지방사무소로 확대하였다. 그러나 구직 장애인 수는 매년 증가하는데 시범사업에 실무자가 장기적으로 매달려야 하는 문제, 장애인 고용 가능한 사업체 접근 전략 등이 문제로 남아 있었다.(엄승연, 1997; 이채식, 1999)

그동안 경험을 바탕으로 훈련 기간 및 훈련 인원 조정, 직무지도원 배치, 사후지도원 선임 등 훈련 실시 방법을 약간씩 변경하였다. 1999년부터는 지적장애인으로 한정됐던 중증 장애인 직업 영역 확대 사업을 중증 장애인 지원고용 사업으로 명칭을 변경하고 프로그램 참여 대상도 모든 중증 장애인으로 확대하였다.

공단의 지원고용 사업은 기본원리에 최대한 충실하고자 하였다. 배치 시 고용계약 등 일부 권리에 있어 유연성을 두고 고용 유도를 위한 지원은 강화했으며 훈련 대상자 대상으로 훈련 보험을 실시해 상해보험 대책도 마련하였다. 시범사업 이후 직무지도원 배치, 통합된 작업장, 최저임금 이상의 임금보장을 핵심으로 하는 업무지침이 마련되었다.

공단 구직자 중 지적장애인의 취업 비율을 보면 1991년은 4.1%(12명), 1992년은 8.9%(12명), 1993년은 9.4%(31명), 1994

년은 21.0%(100명)인데 반해 1995년 38.2%(256명), 1996년 54.2%(397명), 1997년 66.3%(612명), 1998년 66.8%(627명), 1999년 65.1%(845명)로 지원고용 사업 전후 취업률에 많은 차이를 나타내 공단 지원고용이 지적장애인의 고용 확대에 어느 정도 기여했음을 짐작할 수 있다.(이채식, 1999; 유완식 외, 2013)

한편 2006년 중증 장애인 지원고용 민간 위탁을 시행하였고, 2019년에는 보건복지부 산하 장애인개발원에서 수행하던 지원고용 사업이 공단으로 모두 이관되어 통합적으로 운영하게 되었다.

2. 지원고용의 민간 위탁

중증 장애인의 지원고용의 대상자 확대, 지역 접근성 제고, 서비스 연계 다각화를 위해 공단에서는 2006년부터 민간기관에 지원고용 사업 민간 위탁을 시행하였다. 기존 공단지사 조직의 한계를 극복하고 지역과 직종의 다양화를 통해 서비스의 질적 다양성을 고양하기 위해 추진하였다. 이를 통해 중증 장애인의 서비스 접근성 확대, 지역사회 네트워크 활성화를 통한 지원고용 서비스의 다양성과 확장성을 제고하였다.

이를 통해 중증 장애인 지원고용 서비스 대상자 확대와 서비스의 질적 향상 등 중증 장애인 지원고용의 확대로 인해 누군가의 돌봄이 필요한 대다수 중증 장애인의 취업이 이루어졌다. 그리고 중증 장애인 보호자에게 돌봄의 대상자인 중증 장애인이 기업체에 취업 되어 고용유지 기간에 돌봄의 의무에서 해방될 여지를 제공해 주었다.

공단은 사업 공고를 통해 지원고용 민간 위탁을 희망하는 법인 또는 단체를 선정하여 고용노동부 장관의 승인을 받아 지원고용 업무를 위탁하였다. 지원고용 위탁기관은 지원고용과 관련하여 훈련장소, 시간, 직무지도원 선임 등 지원고용 계획을 수립하여 시행하고 있다.

[표 1]은 지원고용 민간 위탁 기관의 지원고용 수료 및 취업 현황을 보여 준다. 2022년 전체 178개소 민간 위탁 기관에서 총 3,444명 중 수료 인원은 3,248명, 취업 인원은 1,709명이며 취업률 52.6%로 나타났다. 공단 직접 수행보다 민간 위탁 지원고용이 수료 인원, 취업 인원, 취업률에서 다소 저조하지만 다양한 지역, 다양한 직종, 다양한 장애 유형의 중증 장애인에게 충분한 지원고용 서비스를 제공하였다.

민간 위탁 기관의 취업률은 52.6%로 공단수행 취업률 73.4%에 비해 낮지만 더 많은 중증 장애인이 지원고용을 통해 취업의 기회를 제공받는다는 측면에서 역할과 기능이 충분히 이루어졌다고 본다.

[표 1] 중증 장애인 지원고용 사업 추진 실적   (단위 : 명, %)

구분		지원고용								
		소계			공단 수행			민간 위탁		
		수료 인원	취업 인원	취업률	수료 인원	취업 인원	취업률	수료 인원	취업 인원	취업률
`22	계	6,406	4,026	62.8	3,158	2,317	73.4	3,248	1,709	52.6
	여성	2,365	1,474	62.3	1,171	866	74.0	1,194	608	50.9
`21	계	6,250	3,976	63.6	3,571	2,537	71.0	2,679	1,439	53.7
	여성	2,272	1,419	62.5	1,317	932	70.8	955	487	51.0
`20	계	5,350	3,706	69.3	3,286	2,614	79.5	2,064	1,092	52.9
	여성	1,831	1,225	66.9	1,083	855	78.9	748	370	49.5
`19	계	5,672	4,253	75.0	3,083	2,915	94.6	2,589	1,338	51.7
	여성	1,966	1,478	75.2	1,100	1,044	94.9	866	434	50.1

출처 : 한국장애인고용공단 자료

이와 같이 지원고용을 통한 취업률이 타 훈련프로그램 또는 일반 취업 알선보다 높은 이유는 지원고용 프로그램의 구조가 체계적이기 때문이다. 이 지원고용 프로그램의 체계적 구조에 중요한 역할을 하는 것이 직무지도원이다. 공단이든 민간 위탁이든 지원고용에서 직무지도원의 역할이 중요하다.

3. 직무지도원

공단이 실시하는 지원고용에서는 대상자 선정 및 평가, 사업체 개발 및 직무분석, 직무배치 과정을 공단의 상담원이나 평가사가 수행하고 사전훈련, 현장훈련과 취업 후 적응지도를 직무지도원이 수행한다. 다만 공단과 장애인 단체 등이 협력하여 지원고용을 실시할 때는 장애인 단체 직원이 대상자 선정 및 평가, 사업체 개발 및 직무분석, 직무배치 과정 가운데 일부에 개입하고 사전훈련과 현장훈련, 취업 후 적응 지도까지 수행하기도 한다.(김민정, 2019)

지원고용 사업의 성공에 있어서 가장 핵심 요소는 취업 후 적응 지도 즉, 직무지도원의 역할에 있다. 직무지도원은 지원고용 훈련 기간 및 취업 후 적응 기간 중증 장애인 훈련생의 출퇴근 및 직무 적응을 위한 지도를 하며, 동료들과 원활하게 일하도록 관계를 형성하고, 훈련생이 직무지도원의 지원이 없어도 독립적으로 일하도록 환경을 조성한다.

장애인 훈련생을 지도하는 내용 위주로 관련 규칙이 제시되어 있지만, 실제 공단에서 실시하는 지원고용의 사례를 검토해 보면 직무지도원이 사업체 측(사업주, 관리자, 동료 등)에게 지원하는 내용도 포함되어 있다. 사업체 사람들에게 장애인의 특성에 대한 안내, 지도와 고려 사항 안내, 고용 관리와 관련된 사항 안내 등의 업무를 수행하는 것이다.

또한 직무지도원은 장애인 훈련생의 보호자가 훈련생을 적합하게 지원하도록 훈련과 관련된 정보를 제공하고 협조 요청도 한다.(정수화 외, 2005; 한국장애인고용공단, 2008) 직무지도원은 규정에 따라 선발하며 공단의 취업 처리 규칙에 의거하여 선임된다.

공단 고용개발원에서는 직무지도원 양성 교육을 실시하는데 사이버연수원에서 실시하는 사이버 교육을 이수한 후 집합교육(2일)에 참석하는 방식이다. 직무지도원의 선임 기간은 근래에 규정 개정(고용노동부 고시 제2015-41호, 2015. 8. 28)을 통해 취업 후 적응 지도에서 최대 3개월에서 최대 6개월로 늘어났다.(규정 제17조) 더불어 기존에는 직무지도원 지원의 도움을 통해 취업한 중증 장애인에게만 적용할 수 있었는데 개정을 통해 취업한 구직 등록 중증 장애인 모두로 직무지도원의 적응 지도 대상이 확대(규정 제7조)되었다.(이민영 외, 2015)

공단은 사업체나 장애인 단체 등에 소속되지 않은 직무지도원을 직접 관리하다가(직무지도원 모집, 기초교육, 파견, 급여지급, 사회보험 신고 등) 2012년부터 「장애인 고용촉진 및 직업재활법」에 따른 장애인 직업재활 실시 기관 등에 직무지도원 관리업무를 위탁했다. 효과적이며 전문적인 지원고용 서비스를 운영하기 위해서는 장애인 훈련생 개인의 특성과 사업체의 작업환경에 따른 요구를 잘 반영하여 적합한 지원과 직무지도를 제공하는 직무지도원의 역할이 매우 중요하다.

이런 직무지도원의 중요성을 인식하여 직무지도원의 역할 요인(박세진 등, 2010), 직무지도원의 직무 실행도 및 직무 난이도

(박선희 외, 2009), 직무지도원 요인이 지원고용 결과에 미치는 영향(이달엽, 외, 2003; 오길승, 2005), 소속기관별 직무지도원의 인식 차이(김무웅 외, 2005) 등 직무지도원 관련 연구들이 이루어졌다.

취업 효과에서는 공단 직무지도원, 장애인 단체 직무지도원, 사업체 직무지도원 순으로 나타났고, 고용유지 효과에서는 공단 직무지도원, 사업체 직무지도원, 장애인 단체 직무지도원의 순으로 나타났다.(전영환, 2012) 즉 사업체 직무지도원 및 장애인 단체 직무지도원과 비교하였을 때 공단 직무지도원을 배치한 경우에 장애인 훈련생의 취업 및 근속 유지 확률이 더 높게 나타난 것이다.

이런 결과는 직무지도원의 역할이 중요하다는 걸 보여 준다. 공단 직무지도원은 역할 자체가 오로지 직무지도원으로 업무를 충실히 수행하도록 여건이 조성된 반면, 사업체나 장애인 단체 직무지도원은 자신의 업무와 병행하다 보니 균형을 잡기 힘들 뿐만 아니라 간혹 형식적으로 업무를 수행하여 이런 결과로 나타난 것으로 해석된다.

4. 지원고용 내용 및 사업 추진 절차

지원고용 방식에는 개별배치 모델, 소집단 모델, 이동 작업대원 모델, 소기업 모델 등이 있다. 개별배치 모델은 장애인 1명당 직무지도원을 배치하여 직업 현장에서 훈련시키고 그 사람이 그 자리를 계속 유지하도록 필요한 훈련과 사후지도 서비스를 제공한다.

소집단 모델은 보통 3-8명의 장애인을 집단으로 지역사회 내에 있는 기업에 배치하는 것으로 일반적으로 개별배치 모델보다 장애가 심해 개별 통합이 어려운 경우 적용된다.

이동 작업대원 모델은 소집단 모델과 인원은 비슷하게 구성하여 고용시키는 집단고용의 방식을 취하지만 고정된 장소에서 일하는 것이 아니라 빌딩이나 극장 관리, 이동세 차, 도배작업 등 지역사회를 이동해 다니며 하청서비스를 수행한다는 측면에서 구분된다.

마지막으로 소기업 모델은 상품을 생산하거나 서비스를 제공하는 소규모의 사업체를 설립, 운영하는 방식이다. 이들 소기업은 사업체 운영을 통해 수익을 얻고 그 수익을 통해 장애인 근로자들에게 임금을 지급하는 방식으로 일반적인 기업의 운영 형태와 동일하다.(오길승, 1998)

우리나라의 경우 개별배치 모델과 소집단 모델이 가장 많이 적용된다. 특히 공단의 경우 일반 사업체를 대상으로 프로그램이 진행됨에 따라 개별배치 모델이 더 많이 적용된다.(전영환, 2010)

사업주의 경우 중증 장애인 구인 계획이 있는 사업체로 현장 훈련을 실시할 수 있는 여건 및 환경을 갖추고 있어야 하며 4대 보험(국민, 건강, 산재, 고용) 가입이 가능해야 한다. 그리고 노동 관계 법령에 규정하는 산업안전보건 등 작업 조건이 정비되어 있어야 한다. 다만 정부 예산으로 시행하는 재정에 따른 일자리 중 인건비를 지원받는 경우나 「장애인 복지법」에 따른 장애인 직업재활 시설은 제외된다.

지원고용 사업에서 사전훈련에 참여하는 훈련생에게는 훈련준비금과 일비와 숙박비를 지원하고 훈련사업체에도 훈련 보조금을 지급한다. 또한 이 사업의 핵심 요소인 직무지도원에게도 외부 인력과 사업체 내부 인력에 따라 차등적으로 수당을 지원하고 있는데(한국장애인고용공단, 2022) 이를 구체적으로 살펴보면 아래의 [표 2]와 같다.

[표 2] 지원고용 사업 대상의 지원수준

구분		지원 금액
훈련생	훈련준비금	40,000원/6일 이상 출석 시(1회)
	일비	18,000원/1일
	숙박비	10,000원/1박
사업주 보조금		19,340원/1인 1일
직무지도원 수당		(외부) 최저시급 비례 (사업체 근로자) 25,000원/1일

출처 : 한국장애인고용공단 자료

[그림 1] 공단 지원고용 절차

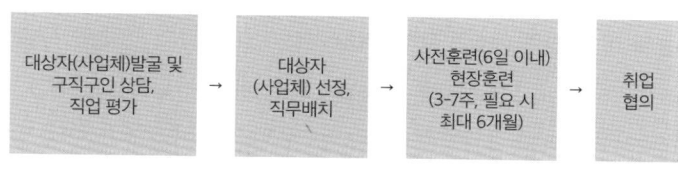

대상자는 고용지원 필요도 판정을 통해 지원이 필요하다고 판단되는 장애인 근로자도 가능하다.

구체적인 사업 추진체계는 [그림 1]과 같다. 먼저 지원고용 대상자(장애인, 사업체)를 발굴하고 구인구직 상담을 통해 직업 평가를 실시하고, 대상사업체를 선정하여 장애인 훈련생을 직무배치시킨다. 사전훈련은 6일 이내 실시하고, 현장훈련은 최소 3-7주, 필요 시 6개월까지 연장 가능하다. 지원고용 수료 후에는 취업으로 연결된다.

5. 지원고용의 효과

지원고용 사업의 효율성은 예산 집행률을 통해 분석했는데, 2020년부터 최근 3년간 예산 집행률은 100%이고, 취업자 1인당 예산도 작게나마 감소하였다는 점에서 예산이 효율적으로 집행되는 것 같다. 지원고용 사업의 효과성은 먼저 임금 효과에 있어서 장애 정도, 성별, 연령, 취업 지역 등의 변수를 통제했을 때, 지원고용을 받은 집단과 기타 취업 지원 서비스를 받은 집단 간에는 임금수준에 명확한 차이가 나타났다. 지원고용 제도가 장애인의 임금수준에 영향을 미친다는 점에서 효과가 있었다.(김민정, 2019)

취업 유지 효과에 있어서도 지원고용을 받을 경우 서비스 이후에도 취업을 유지할 확률이 통계적으로 유의한 것으로 나타났다. 지원고용 사업과 취업 기업체 특성의 관계를 살펴본 결과 지원고용 사업이 개인 및 중소기업보다 대기업 혹은 공공 및 외국계 기업에 취업할 확률이 통계적으로 유의하게 높은 것으로 확인되었다. 이는 지원고용 사업이 장애인의 임금, 취업 유지 등에 효과가 있음을 보여주는 결과이다.(한국장애인고용공단, 2022)

그리고 지원고용으로 고용된 지적장애인의 평가에 대한 질적 연구 결과를 살펴보면, 근로자 본인과 주변인들을 대상으로 심층 상담한 결과 중증 장애인 동료와 함께 일하는 것에 대하여 긍정적인 평가가 높았다.(노혜영 외, 2013)

그리고 이런 지원고용의 성공을 정의할 수 있는 요소로 6가지를 들었다. ① 지적장애인 근로자의 직무수행에 대한 높은 만족도, ② 지적장애인 근로자의 보통 이상의 직장 적응도, ③

장기간 근속 기간, ④ 다른 지적장애인의 지원고용 가능성에 찬성, ⑤ 지적장애인 근로자에 대한 긍정적 인식의 생성, ⑥ 지적장애인 근로자에게 자연적 지원 제공이다. 물론 심층 면담한 자료로 직업생활의 다양한 의미를 해석하는 데는 한계가 있지만 사업주와 지적장애인들의 만족도가 높다는 측면에서 지원고용 제도가 유용하다 할 것이다.

공단 사업 실적을 볼 때 2020년부터 2022까지 지원고용 수료 실적을 보면 자폐, 지적장애 유형이 평균 83.7%를 차지한다. 발달장애인에게 중증 장애인 지원고용 프로그램은 취업으로 연결되는 데 중요한 역할을 한다. 이들 자폐, 지적장애인이 미취업일 경우 돌봄이 필요하다. 이들 장애인에게 취업으로 돌봄

[표 3] 중증 장애인 지원고용 사업 장애 유형별 추진 실적 (단위 : 명, %)

구 분		2020	2021	2022
직무지도원 수*		2,415	2,868	2,774
수료 장애인 수 (공단+위탁)	합계	5,350	6,250	6,406
	시각	27(0.5)	51(0.8%)	39(0.6)
	지체	58(1.1)	88(1.4%)	119(1.9)
	뇌병변	87(1.6)	80(1.3%)	127(2.0)
	청각, 언어	137(2.6)	141(2.3%)	143(2.2)
	정신	493(9.2)	574(9.2%)	633(9.9)
	지적, 자폐	4,524(84.6)	5,281(84.5%)	5,287(82.5)
	기타 장애 유형	24(0.4)	35(0.6%)	58(0.9)

*외부+내부 직무지도원 수(중복 제거)
출처 : 한국장애인고용공단 자료

의 시간이 다소 완화된다는 측면이 있다.

이상과 같이 지원고용의 효과가 입증되어 장애인 돌봄의 부담 해소에 기여한 측면을 볼 때 지원고용 사업체 대한 전반적인 분석과 평가가 필요하다. 그런 면에서 지원고용의 추진체계 즉 대상체계, 전달체계, 정부의 지원체계, 서비스체계 점검과 고찰을 통해 향후 지원고용의 발전 방향에 대한 전향적인 방향 정립이 필요하다.

3장

중증 장애인
지원고용
대상체계

중증 장애인 지원고용 제도는 미국에서 시작되었으며, 우리
나라는 이를 벤치마킹하여 국내 상황에 맞게 발전시켰다. 중
증 장애인 고용의 중요 수단으로 역할을 해온 지원고용은 양국
제도상에 공통점과 차이점이 있다. 그런 이유로 지원고용 제도
시행에 있어 서비스 대상을 어떻게 설정하는지가 중요하다. 지
원고용 서비스 대상체계를 살펴보면서 지원고용 제도의 시사
점과 개선점을 찾아보는 것도 중요하다.

1. 지원고용 대상체계

사회적 할당의 기준은 사회복지 정책의 대상을 누구로 선정
하느냐 하는 것으로 누구에게 사회복지 급여와 서비스를 제공
할지 여부를 결정하는 것이 급여대상에 대한 분석기준이다. 지
원고용 체계에서 급여대상 기준은 장애 판정기준과 중증 장애

여부가 되며, 이 기준의 평가에 대한 미국과 한국의 차이를 보면 다음과 같다.

미국은 장애 판정을 위하여 가장 먼저 '의학적 평가'를 실시하여 의료적 손상이 어느 정도 근로활동에 제약이 있는지를 살핀다. 이후 '잔존능력 평가(Residual Functional Capacity, RFC)'를 실시하여 '과거 15년 동안 해온 직무수행 기능 여부를 평가하는데 만약 불가능하다고 판단되면 현재 능력으로 수행 가능한 직업이 있는지를 평가한 다음 최종적으로 근로가 가능한지를 결정한다.'(김현정, 2009)

미국의 장애 판정 절차는 다섯 단계로 구분하는데 만약 각 단계에서 'Not Disabled'로 판정이 나면 직업재활 서비스로 연계된다. 1-2단계는 처음으로 사회보장 급여를 신청하는 장애인의 근로소득 여부와 장애 손상 정도에 대해 연방사회보장청이 기본적인 판정을 하는 단계이고, 3-5단계는 대상 장애인이 주거하는 주의 장애 판정사무소가 장애 정도와 근로 능력 여부를 좀 더 엄격히 심사하는 단계이다.(오수경, 2004)

미국의 「재활법」에서는 '최중증 장애인'(Individual with the Most Significant Disabilities)으로 지원고용 대상자를 규정한다. 이 법률에서 최중증 장애인이란 적격성 및 직업재활 요구 사항에서, 이동, 언어 소통, 자기관리, 자기결정, 대인관계 기술, 근로 유지 정도 및 직무기술 등과 같이 직업 유지 성과에 영향을 주는 기능적 능력 가운데 세 가지 또는 그 이상 심각한 제한이 있는 신체적, 정신적 장애를 가진 것으로 인정된 사람을 말한다.(김민정, 2019)

미국에서는 재활상담사가 직업재활 서비스 급여 대상자의 적격성 판정을 담당한다. 재활상담사는 적격성 여부 판정 시 재활 효과가 있는지 평가할 수 없는 경우 확장 평가(Extended Assessment)를 최대 6개월 동안 실시하여, 대상자 여부를 판정한다. 그리고 고용 및 직업재활 서비스의 대상자 판정 시 장애 유무에 대한 의료적 증거와 함께 성격, 교육 수준, 개인 특성 및 심성, 사회 적응 능력, 직무성취 의욕, Trial Work(실습사업체) 경험, 보조 공학 제공 여부, 활동지원사 등 다른 부가적인 정보를 함께 고려하여 판단한다.(양미리, 2016)

한국의 지원고용 체계에서 서비스 대상은 공단의 장애인 취업지원 업무처리 규정(고용노동부 고시)에서 '구직 등록한 15세 이상의 중증 장애인(정신장애, 뇌병변, 지적장애 등)으로서 직업상담 및 직업평가 결과 직업생활에 대한 이해 및 작업환경에 대한 심리적, 기능적 적응력 향상이 지원 없이는 독립적으로 직무를 수행하기 어려운 사람'으로서 「장애인 고용촉진 및 직업재활법」 시행령 제4조에 따른 중증 장애인을 말한다. 장애 판정을 받기 위한 절차는 다음과 같다.

신청인은 의료기관의 전문 의사로부터 장애 진단 및 검사를 통해 장애진단서를 발급받고, 장애 유형별 필수 구비서류를 갖추어 주소지 관할 읍면동으로 제출하면 된다. 정밀한 심사가 필요한 경우 추가로 검사 결과 등의 자료 보완 요구나 국민연금관리공단이 정한 장애 진단기관 및 전문의로 하여금 직접 진단을 하게 할 수 있다.

신청인이 거주하는 시군구(읍면동) 담당자는 국민연금관리공단의 장애 판정 심사 결과를 토대로 장애인 등록 및 결과를 신청인에게 통지함으로써 장애 판정이 결정된다.(보건복지부, 2022) 우리나라는 의학적 판정에 의해 장애 판정과 등록이 이루어진 장애인을 대상으로 서비스가 지원된다. 장애 판정 기준이 다른 미국과는 서비스 대상자 차이가 발생할 수밖에 없다.

2. 지원고용 대상체계 개선 방안

장애인 개개인의 능력을 고려하는 심사제도를 통해 판정하고 개인별 특성에 적합한 취업 지원을 하고 있어 미국은 장애 등급 제도를 실시하지 않는다. 장애인 중 최중증 장애인에게 지원고용 프로그램에 참여하는 자격이 주어진다.

우리나라는 중증 장애인만 지원고용 프로그램에 참여하는 대상자로 규정되어 있다. 하지만 2019년 장애등급제 폐지로 인해 프로그램에 참여하는 대상자가 불명확해질 우려가 제기되었다. 현재 장애등급 제도는 의학적 기준으로 등급이 책정되며 장애인 관련 법규에도 아직 직업적 중증 장애인에 대한 개념이 명확히 규정되어 있지 않다.

고용노동부가 사용하고 있는 중증 장애인의 개념은 장애인의 고용 잠재력에 초점을 맞추고 있기보다는 보건복지부가 판정하는 의학적인 기준에 초점을 맞추고 있어 실제 직업재활상 중증 장애인이라고 판단되는 장애인이 제도적으로 보호를 받지 못하기도 한다.

장애 정도별도 의학적 장애인과 기능적 장애인의 차이를 분석한 결과 주목할 내용은 의학적 중증 장애인 중 비기능적 장애인이 11.8%로 나타난 점이다.(김대현, 2004) 이는 의학적으로는 장애인이지만 기능적 개념에서는 장애인이 아니라는 것이다. 또한 의학적 중증 장애인 중에서 기능적 경증 장애인 비중이 42.6%에 이른다는 것이다. 즉 의학적 중증 장애인 중에는 기능적 경증 장애인이 상당히 많이 포함되어 있음을 알 수 있었다. 따라서 의학적 중증 장애인 중심으로 정책 개입에 의한 고용 서비스가 제공되더라도 그 수혜가 기능적 경증 장애인에게 돌아갈 가능성이 크다는 것을 보여 준다.(유은주, 2014)

우리나라도 선진국과 마찬가지로 의학적 장애 기준에 의해 선정된 장애인을 고용촉진 대상으로 인정한다. 이는 의학적 장애등급과 직업적 장애 정도가 일치하는 것은 아니므로 의학적 장애 기준을 보완하는 직업적 장애 기준을 마련할 필요성을 보여 준다. 그래서 빈부격차차별시정위원회에서는 특정한 장애인이 복지 서비스 또는 고용 서비스를 받을 필요가 있는지는 의학적 기준에 따른 장애등급에 의해서가 아니라 별도의 욕구 평가를 통해서 결정되어야 한다는 점을 밝힌 바 있다. 빈부격차차별시정위원회는 보건복지부의 장애 판정 기준의 개선 필요성과 방향을 제시한 바 있다.(강동욱 외, 2006)

따라서 미국의 경우처럼 우리나라도 장애 판정 시 현재의 근로 능력뿐만 아니라 과거 직업수행 능력과 노동시장에서의 근로 가능 여부를 평가하는 것을 고려할 필요가 있다.(김현정, 2009)

2019년 하반기 장애등급제가 폐지됨에 따라 실질적으로 중증 장애인이 지원고용 프로그램에 참여하여 혜택을 볼 수 있도록 고용 지원을 위한 장애 판정과 관련된 법, 규정 신설이 필요하고 이에 따른 적절한 정책적 지원이 따라야 한다. 의학적 판단의 장애등급이 아닌 직업능력에 따른 평가 척도가 필요하다는 것이다. 그래야 직업능력에 적합한 서비스 지원을 통해 직업능력 향상이 가능해진다.

4장

중증 장애인
지원고용 전달체계

지원고용 전달체계는 지원고용에서 중요한 항목의 하나다. 우리나라와 미국의 지원고용 전달체계에 대해 살펴보면서 지원고용 제도의 시사점과 개선점을 찾아본다

1. 지원고용 전달체계

어떤 인력과 조직을 활용할 것인가에 따라 전달체계는 공공(중앙)부문, 민간부문, 공공과 민간 혼합부문으로 구분된다.

미국에서 지원고용을 지원하는 인력은 재활전문가로 재활상담사와 직업평가사, 직업적응 전문가와 직무지도원 등이 있다.

재활상담사는 재활 서비스 전 과정에 개입하며, 직무배치, 직업사정 및 진로 상담 등의 서비스를 제공한다. 재활상담사는 임상 재활상담 관련 전공에서 석사학위를 받고, 재활상담사의 감독 아래 600시간 이상 재활상담 수습(인턴)과정을 거쳐야 한

다. 재활상담사 자격을 획득한 후에도 매 5년마다 자격 유지를 위한 검증 절차를 거쳐야 한다.(김민정, 2019)

직업평가사는 장애인에 대한 의료적, 심리적, 직업적, 사회적, 교육적 분야에 대한 능력평가 및 직업훈련에 필요한 기초 능력 및 직업 욕구 등을 종합적으로 분석하는 일을 한다. 직업 적응 전문가는 직무 관련 행동을 분석하여 장애인의 직무기능을 개발하고, 작업 행동이나 직무 특성을 수정하며 작업조건 등을 이해하도록 훈련시킨다.

지원고용에서 중요한 직무지도원은 특정의 직업과 관련된 직업교육, 사회적 기술, 직무개발 및 홍보, 사업체와의 관계 확립 등을 수행한다. 미국은 재활 전문인력을 재활 분야별로 세분화하고 재활 전문인력의 학력과 기능 수준을 전문 관리기관을 통해 엄격히 통제하고 관리한다.(양미리, 2016)

우리나라에서 지원고용을 실시할 때 지원하는 전문가를 살펴보면, 대상자 선정 및 평가, 사업체 개발 및 직무분석, 직무배치 과정은 공단의 직업상담원이나 직업평가사가 수행하고, 민간 위탁 기관의 경우 장애인 복지관이나 장애인 단체 직원이 수행하게 된다.

공단의 구인 조건을 보면, 직업상담원의 경우 사회복지사, 장애인 재활상담사 자격증 소지 우대로 장애인 직무관련 전문자격이 필수가 아닌 우대라는 것을 확인할 수 있으며, 직업평가

사의 경우도 공단의 인사규정(2022.5.4)에 따르면 사회복지, 심리, 재활, 특수교육 등 관련 분야 4년제 대학 졸업자 및 기타 동등한 자격이 있다고 인정되는 자로 규정한다.

또한 공단의 장애인 취업지원 업무처리규칙(2021.12.30)을 보면 직무지도원에 대한 기준이 나와 있는데, 재활, 교육, 심리, 의료, 기술 및 사회사업 분야 전문학사 이상 학위를 소지한 사람부터 공단에서 실시하는 직무지도원 양성 교육을 수료한 사람까지 그 자격의 차이가 크다는 것을 알 수 있다. 공단에서 실시하는 양성 교육은 2시간의 온라인 교육과 2일의 집체 교육으로 구성된다.

미국에서 장애인 직업재활 및 고용은 교육부와 노동부가 주도한다. 연방정부는 장애인의 직업재활을 효과적으로 수행하기 위해서 법령의 제정 및 정비, 지방정부 보조금 지급, 각종 프로그램 감독 및 평가 업무를 담당한다.

연방정부와 주 정부는 실질적인 직업재활 프로그램을 독립적으로 수행한다. 직업재활서비스청은 미국 교육부 산하 기관으로 주와 지역사회 내에서 직업재활 서비스들을 이용하도록 예산, 운영, 관리 등을 총괄한다. 주 정부 직업재활서비스국에서는 지역사회 내에서 실질적인 고용지원을 하는 전문기관으로 노동부와 사회보장국 별도의 종합적이며 체계적인 지원고용을 비롯한 직업재활 서비스를 제공한다.

우리나라는 2018년까지 지원고용은 장애인복지관과 직업재활시설에서 주로 실시하였고, 공단과 한국장애인개발원에서 예산을 지원하였다. 장애인 복지시설은 보건복지부에서, 장애인 고용 관련 업무는 고용노동부에서 관할함으로 보호고용(보건복지부)과 지원고용이나 일반고용(고용노동부)의 주무 부처가 달랐지만 2019년 보건복지부와 고용노동부 중복사업인 중증 장애인 지원고용 사업이 하나로 통합되어 고용노동부로 이관되면서 전달체계가 일원화되었다.(김민정, 2019)

2. 지원고용 전달체계 개선 방안

미국의 장애인 고용 서비스 전달체계를 살펴보면 거의 모든 기관에서 네트워크를 통해 정보를 상호 공유하면서 역할을 수행한다. 미국 장애인 직업재활 전달체계는 연방주의라는 기본 원칙 아래 연방정부, 주 정부, 지방정부 간의 역할과 책임이 기능적으로 분산되어 각 정부 주체별로 다양한 프로그램을 수행하는 다원적이며 분파적인 구조로 이루어져 있다.

연방정부 차원에서는 노동부의 장애인고용정책국[1](Office of

---

1. 전국에 3,000여 개소 있음

Disability Employment Policy, 및 One-Stop Career Center)이 장애인 고용 관련 국가정책의 일환인 법령 정비, 연방 보조금 지급, 각 종 정책의 수행 및 평가 작업을 진행한다.(ODEP, 2009)

주 정부 차원에서는 직업재활국이 중심 역할을 하고 각 지역마다 설치된 사무소 및 직업재활 조직 등에 재활상담가를 상주시켜 장애인 고용 관련 서비스를 제공한다.(홍인식, 2008)

이와 달리 우리나라는 장애인 취업을 위한 직업재활을 실시하지만 제공하는 재활 서비스들이 종합적으로 연계되지 못하는 비효율 문제로 인해 당사자의 만족도가 낮고 취업을 한 경우에도 직업의 질이 낮은 것으로 나타났다. 또한 전달체계 기관이 공공기관 또는 복지관, 장애인 관련 기관 등으로 한정되어 있다.

따라서 직업재활 서비스 전달체계가 효과적으로 운영되고 장애인의 능동적 사회참여를 유도하기 위해 직업재활 서비스 체계와 직업재활 정책의 정비가 요구된다.(김현정, 2008) 그리고 전달체계 기관의 다양성을 위해 민간기업이나 민간기관도 참여하여 등급에 관계없이 모든 장애인이 서비스를 받는 데 제한이 없어야 할 것이다. 장애인 개별 특성에 맞는 서비스 확대와 더불어 고령 장애인에 대한 서비스 확대도 시급하다.

5장

중증 장애인 지원고용
정부의 지원체계

지원고용 제도가 성공적으로 운영되기 위해서는 정부의 체계적인 지원이 중요하다. 지원고용에 대한 정부의 지원체계에 대해 살펴보면서 지원고용 제도의 시사점과 개선점을 살펴본다.

1. 지원고용의 정부 지원체계

1) 정부지원금

미국의 직업재활 체계는 2000년대부터, 예산권을 가지고 직업재활 전체를 계획하는 연방정부, 예산을 집행, 관리하는 주정부, 그리고 장애인 당사자들의 직업재활 서비스를 지원하는 지방정부까지 체계적으로 작동된다.

매년 예산 승인은 실제 지방정부에서 제공된 직접 서비스 실적에 의해 영향을 받는다. 지방정부 산하의 지역사무소에서 취합된 직업재활 서비스 실적은 주 정부의 직업재활서비스국으로 취합되고 이런 실적이 주 정부로 귀결되어 최종 연방정부 예산이 책정되어 확보되는 구조이다.

우리나라는 1990년 「장애인 고용촉진 및 직업재활법」의 제정과 함께 장애인 의무고용 제도가 도입되었고, 이를 통해 장애인의 고용을 활성화하기 위해 '장애인 고용촉진 및 직업재활기금(이하 기금)'이 설치되었다. 기금의 설치 목적은 장애인의 고용촉진 및 직업재활을 위한 사업을 수행하는데 필요한 자금을 확보하기 위한 것이다.(법 제68조) 기금은 정부 또는 정부 외부로부터 출연금 또는 기부금, 의무고용률에 미달하는 사업체가 납부하는 부담금, 가산금 및 연체금, 기금의 운용 수익금과 그 밖의 공단 수입금, 차입금(법 제69조)과 같은 내용으로 기금을 안정적으로 조성한다.

미국의 예산은 현장과 장애인을 중심으로 상향식(Bottom-up)으로 추계된다. 그러나 우리나라는 반대로 예산을 정부가 정해 장애인에게 하향식(Top-down)으로 지원하므로 예산 확보와 지급방식에서 차이가 있다. 미국과 같이 서비스 기관이 제공한 서비스 물량만큼 예산을 지급하는 합리적인 예산체계를 참고할 필요가 있다.(심진예 외, 2016)

2) 예산 지급 방식 및 예산 편성 방식

미국의 주 정부나 카운티 정부가 받는 예산은 포괄적 예산이지만, 주 정부 직업재활부(DVR)에서 지역사회 재활 프로그램(CRP)에 지급하는 예산은 서비스 계약과 수가 방식에 의한다. 미국의 민간기관들이 정부에서 지원받는 예산은 연 단위의 보조금이 아니라, 공공기관에서 의뢰받는 이용자들에게 제공된 서비스 내용에 따라 행위별 수가 체계(Fee for Service)로 지원받는다.

공공기관이 민간기관과 서비스 계약을 할 때 민간에서 제공하는 서비스에 대한 수가가 체결되며 그것에 기초하여 비용이 지불된다. 따라서 민간기관에게 공공기관과 연계는 선택사항이 아닌 필수적인 요인이 된다. 현실적으로 이런 예산 방식은 공공과 민간기관 간 네트워크를 형성하는 데 유리하게 작용한다. 이와 더불어 미국의 주 정부 직업재활부의 장애인 직업재활 상담사들에게는 연간 취업 목표량이 정해진다. 이런 목표량을 달성하는데 지역사회 재활 프로그램은 공동의 목적 달성을 위해 협력한다.(이수용 외, 2022)

이런 상황은 CRP 모니터링 및 사업평가에 영향을 미친다. 공공기관 입장에서는 서비스 제공을 위해 다양한 프로그램을 운영할 필요가 없으므로 예산의 효율적 운영이라는 장점이 있다.

예산 편성방식에 있어 개별 장애인에게 어떤 서비스가 제공되었는지 이력 관리가 된다는 점에서 큰 장점이 된다.

또한 미국의 모든 직업재활 서비스는 이용자 중심의 계획서에 따른 개별 접근을 강조한다. 즉 한 기관에서 필요한 모든 서비스를 종합적으로 제공했던 기관 위주의 서비스가 아닌 다양한 기관을 통한 장애인들의 개별 욕구를 만족시키는 것이 최근 20-30년간 미국 직업재활 서비스 과정이다.(한국장애인개발원, 2016)

한국의 직업재활 예산이 되는 기금은 일반회계와 사업주 부담금, 사업주융자회수금, 복권기금 전입금, 기금운용 수입 및 기타 수입으로 구성된다. 일반회계와 복권기금 전입금은 기금수입 측면에서 안정적인 재원 조달 수단이기는 하지만, 기금 지출에 비해 전입금이 차지하는 비중이 지나치게 적다는 문제가 있다. 기금 수입에서 사업주 부담금이 대부분을 차지할 정도로 가장 높다. 기금 지출은 기금사업·운영비, 장애인 고용장려금, 사업주융자금, 반환금 및 차입금에 대한 원리금 상환으로 구성된다. 기금 지출은 장애인 고용과 관련된 지출이기 때문에 장애인 고용이 증가하면서 기금 지출도 지속적으로 증가하였다.

장애인 고용의 증가에 따른 기금 지출의 증가는 불가피하지만, 기금 지출에서 장려금 비중이 증가하면 기금사업 운영비 비중이 상대적으로 감소한다는 것은 두 사업이 구축 관계에 있다는 것을 의미한다. 그리고 이런 추세가 지속되면서 기금운용의 중심은 고용증진 사업에서 장려금 사업으로 전환되었다. 부담금은 사업체의 수입 감소를 가져오지만, 장려금은 사업체의 수입 증가를 가져오면서 고용증가를 수반하기 때문이다.

따라서 기본적으로 사업체의 장애인 고용이 증가하면 의무고용률에 미달하는 미고용 인원이 줄어들고, 의무고용률을 초과하는 장려금 지급 인원이 늘어나, 기금 수입은 감소하면서 지출은 증가하게 된다. 의무고용률 상향 조정 등이 예정되어 있어 기금 수지는 일정 기간 개선될 수 있겠으나, 기금운용의 구조적인 모순으로 인해 기금 수지의 악화 가능성은 항상 존재한다.

현행 기금운용 구조를 가지고 사업을 계속 수행한다면, 부담기초액[1]의 인상, 의무고용률의 상향 조정, 장려금 단가 인하 등

—

1. 상시 근로자를 100명 이상 고용하는 국가 및 자치단체, 공공기관 및 민간기업 중 장애인 의무고용률 미만으로 장애인을 고용한 사업주에게 부과(2023년 : 공기업, 준정부기관, 기타공공기관, 지방공기업, 비공무원 3.6%, 민간기업 3.1%)하며 부담기초액은 다음과 같다.

산정기준	부담금(미달 인원 1인당)
고용의무 인원의 3/4이상 고용	부담기초액(월 1,207,000원)
고용의무 인원의 1/2이상~3/4미만 고용	부담기초액+부담기초액의 6% 가산 (월 1,279,420원)
고용의무 인원의 1/4 이상~1/2미만 고용	부담기초액+부담기초액의 20% 가산 (월 1,448,400원)
고용의무 인원의 1/4미만 고용	부담기초액+부담기초액의 40% 가산 (월 1,689,800원)
장애인을 한 명도 고용하지 않은 경우	최저임금액(월 2,010,580원)

일시적인 제도개선이 이루어지더라도 장기적으로는 지속적인 순 조성금의 악화를 가져와 전입금과 차입금 등에 의한 내외부 자금 의존도는 더욱 높아질 수밖에 없다.(유완식 외, 2013)

2. 지원고용의 정부 지원체계 개선 방안

미국 장애인 고용의 재정체계는 주 정부의 예산, 연방정부의 예산 그리고 각종 기금이 주를 이룬다. 즉 지원고용을 실시함에 있어서 다양한 재원을 확보하고 있으며 주 정부뿐만 아니라 연방정부의 지원이 강한 편이다.

우리나라 기금은 관리기금(4개), 긴급 재정성 기금(2개), 보장성 기금(3개), 보증성 기금(6개), 보험성 기금(4개), 연금 및 퇴직성 기금(4개), 일반 재정성 기금(29개), 장학 및 협력 기금(3개) 등으로 분류한다. 이 중 장애인 고용촉진 및 직업재활 기금은 일반 재정성 기금에 속한다. 일반 재정성 기금은 일반 예산(예산과 특별회계)으로 추진하는 사업과 유사한 사업을 추진하는 기금을 모두 포괄한다.(전택승, 2003; 박성호, 2013)

장애인 고용촉진 및 직업재활 기금은 공단의 운영, 고용장려금의 지급 등 장애인의 고용촉진 및 직업재활을 위한 사업을 수행하기 위하여 설치된 기금으로, 「장애인 고용촉진 및 직업재활법」 제59조가 근거 조항이다. 기금의 재원은 정부 또는 정부 외의 자로부터의 출연금, 가산금 및 연체금, 기금의 운용에 의하여 생기는 수익금과 기타 공단의 수입금 그리고 차입금이다. 즉「장애인 고용촉진 및 직업재활법」은 직업지도, 직업 적응훈련, 직업능력 개발훈련, 지원고용, 보호고용, 취업알선, 취업알선 기관의 연계 및 취업 후 적응 지도 등 일련의 직업재활 사업에 드는 사업비용의 예산을 전년도 장애인 고용부담금의 1/3에 해당하는 금액으로 규정한다.(동 법 제53조 제2항)

지원고용의 재원이 되는 기금의 수입과 지출 구조를 분석한 결과, 기금 수입의 부담금 의존도가 높아 기금사업은 매우 불안정하게 운용된다. 기금은 장애인 고용이 증가하면 부담금 사업체의 미고용 인원이 감소하여 부담금 수입이 줄어들고, 장려금 지급 인원은 증가하여 기금 수지가 악화되는 기금 운용 구조를 갖는다. 기금 수지의 악화는 기금사업을 위축시켜 장애인 고용증진을 억제하는 결과를 가져오는데, 이는 기금 수입의 대부분이 재원의 불안정성이 높은 부담금에 의존하기 때문이다.

2013년부터 2018년까지 기금 수지를 추계한 결과, 의무고용률[2]의 상향 조정과 부담기초액의 인상에 따른 기금 수입이 대폭 증가하여 기금 수지는 2017년까지 흑자를 보이지만, 2018

---

2. 우리나라 장애인 의무고용률은 2023년 기준으로 국가, 지자체 공공기관은 3.6%, 민간기업은 3.1% 수준이다.

넌부터는 장애인 고용 증가에 따른 부담금 감소와 장려금 및 사업, 운영비의 지출이 지속적으로 증가하여 기금 수지는 적자로 전환될 것으로 예측된다.(유완식 외, 2013)

우리나라는 현행 기금 운용 구조를 가지고 사업을 계속 수행해나가면, 부담기초액의 인상, 의무고용률의 상향 조정, 장려금 단가의 인하 등 일시적인 제도 개선이 이루어지더라도 장기적으로는 지속적인 순 조성금의 악화를 가져와 전입금과 차입금 등에 의한 내외부 자금 의존도는 더욱 높아질 수밖에 없다.

따라서 이런 기금운용 구조의 모순을 해결하기 위해서는 장애인 고용이 증가해도 일정하게 조성금이 유지되도록 기금 운영 구조의 재설계가 필요하다. 그리고 현재 상시 근로 인원에 의한 부담금 산정 방식도 재설계할 필요가 있다. 기존의 단편적인 상시 근로자 기준으로 부담금을 산정하는 것은 현실에 맞지 않는 측면이 있어서다. 2021년도 한계기업 수가 2019년에 비해 23.7% 증가한 것으로 나타났다. 한계기업이란 영업 활동으로 번 돈으로 이자도 갚지 못하는 상황이 3년 이상 계속되는 기업으로, 이자보상배율(영업이익을 이자 비용으로 나눈 값)이 3년 연속 1 미만인 기업을 뜻한다.[3]

그리고 좀비기업 즉 이자도 갚지 못하는 기업도 점점 증가하

---

3. 상승연, 「한계기업 의미와 국내 경제 현황은?」 『매일경제』 2023.8.2

는 추세이다. 현재 상시 근로 인원에 의한 부담금 산정방식은 이들 한계기업과 좀비기업에도 동일하게 적용된다. 이자도 갚기 어려운 기업이 부담금 납부는 기대하기 힘들다. 산업이 디지털, 플랫폼, 로봇, 자동화로 인해 100인 미만이면서도 부가가치 창출로 매출이 기하급수적으로 늘어가는 추세에 따라 부담금 납부 기업도 매출액으로 산정하는 것이 합리적이고 시대적 상황에 적합하다는 생각이 든다. 매출액에 따른 부담금 산정에는 다소 시일이 소요될 것으로 예측되어 부담금 재원 감소에 따라 향후 정부 일반회계 우선 지원이 필요할 것으로 전망된다.

6장

중증 장애인
지원고용의
서비스체계

중증 장애인 지원고용에서 중요한 항목 중 하나가 서비스체계이다. 우리나라와 미국의 지원고용 제도에서 인적, 물적 서비스 내용의 차이를 알아본다. 그리고 지원고용의 서비스체계에 대해 전반적으로 살펴보면서 지원고용 제도의 시사점과 개선점을 정리한다.

1. 지원고용 서비스체계

미국에서 지원고용을 통해 근무하는 장애인은 우선 선 배치, 즉 고용 후 훈련을 받게 된다. 급여체계는 어떤 형태의 재화를 제공할 것인가 하는 것으로 현물급여, 현금, 서비스로 세분화한다. 이 때문에 Fair Labor Standards Act에 의해 최저임금 이상 지급이 된다. 장애인 내담자의 지원고용 서비스가 경쟁 통합 고용 형태로 케이스가 종결되기 위해서 지원고용 대상자는 최저임금 이상의 임금을 받아야 하며, 통상적인 임금 이하의 임금과 혜택들을 같은 일을 하는 비장애인들보다 적게 받지 않아야 한다. 임금을 받지 않는 업무 경험들과 한시적인 고용은 지원고용으로 인정되지 않는다. 계절에 따른 고용(Seasonal Employment)은 지역사회 고용 시장에서 해당 고용 형태가 일반적일 때만 인정이 된다. 한국의 지원고용 제도는 훈련의 개념으로 적용되기 때문에 현장훈련에 참여하는 훈련생에게 훈련준비금과 일비, 숙박비 지원 또는 하루 훈련비 18,000원을 지급한다.(김민정, 2019)

장애 청소년 및 청년 전환 서비스에 대해 특별히 미국 주 직업재활 기관들에서 연방 직업재활 지원금 중 최소 15%를 의무적으로 사용해야 한다고 WIOA(인력혁신기회법, 2014)에서는 명시하였다. 이 법률에서는 주의 재활 예산으로 할당된 예산 중 50%를 반드시 중증 장애인들을 위한 지원고용 프로그램을 위해서 사용하며 그 기한도 「재활법」에서 정한 지원고용 기간 18개월을 24개월로 연장시킨다는 내용을 포함하였다. 50%의 예산 중 10%는 반드시 중증 장애 청소년 및 청년들에 대한 지원고용을 지원하는 반면, 우리나라의 경우는 중증 장애인에게 3-7주, 필요 시 최대 6개월간 사업체 현장훈련을 지원한다.

사업주 지원의 경우 미국은 우리나라처럼 사업주에게 직접 현금을 지원하지 않는다. 대신 연방정부에서 시행하는 취업기회 세금공제(Work Opportunity Tax Credit, WOTC)와 각 주에서 시행하는 장애인 고용에 대한 다양한 인센티브가 있다. 인센티브는 세액공제, 세금(소득)공제, 판매세 환급 및 우선 계약 형태 등이다.

우리나라의 사업주 지원 급여 형태를 살펴보면 지원고용 대상자의 사전훈련 출석 일수에 비례하여 하루당 19,340원을 지급한다. 사업체는 사업주 보조금 금액에 연연해하기보다는 장애인을 채용하지 않으면 발생하는 부담금을 면제하기 위한 수단으로 중증 장애인을 고용하는 경향이 있다. 중증 장애인을 채용하면 중증 장애인 가산(더블카운트) 제도를 통해 부담금 감소 효과가 있기 때문이다.

2. 지원고용 서비스체계 개선 방안

1) 훈련비의 현금 급여에 대한 현실적 반영

미국은 제도 시행 초기부터 지원고용 훈련생을 임금을 받는 근로자로 인정해 주었다. 이에 따라 근로자로서 안정적인 급여조건인 최저임금 이상의 급여기준을 준수하고, 생산성을 고려하여 현금을 지급하고 있어 급여조건 부분에서도 큰 차이가 있다. 책정액은 각 주마다 기준이 다르다. 또한 프로그램 중 임금 이외에도 재활 서비스 명목으로 현물(보조공학기기 등)도 제공한다.

그러나 한국은 훈련 기간 준비금, 훈련비, 숙박비를 훈련수당이라는 명목으로 현금으로 지급하지만 다른 현물급여는 없다. 다만 훈련이 끝나고 근로자로 취업을 하게 되면 보조공학기기, 근로지원인[1] 지원 등 현물이나 인적 자원 지원 서비스 혜택을 받는 게 가능하다.

한국에서 지원고용을 마치면 고용이 되어 근로자 신분을 갖게 된다. 그러나 일부 장애인 근로자들은 장시간보다 단시간 근로를 선호하는 경향이 있다. 그 이유는 기초생활 수급자이고 장애인이면 여러 가지 혜택을 받게 되는데 임금 근로자 신분으로 전환되면 그 대상에서 탈락될 위험이 있기 때문이다. 기초생활 수급자 기준은 소득인정액 중위소득 30-50%이고, 기초생활수급비는 주거급여, 생계급여, 의료급여, 교육급여이고 다른 혜택은 TV 수신료 면제, 전기료, 도시가스 요금 감면, 상하수도 요금 감면, 난방비 지원, 문화누리카드 이용료 지원 등이다.(보건복지부, 2022)

---

1. 장애인 근로자가 직무에 필요한 핵심업무 수행능력을 보유하고 있으나 장애로 부수적인 업무를 수행하는 데 어려움을 겪는 경우, 이들 장애인을 지원하여 장애인 근로자가 안정적, 지속적인 직업 생활을 영위할 수 있도록 지원하는 사람

그래서 돈을 버는 것보다 아무것도 안 하고 집에만 있으면 받는 혜택이 더 많아서 근로의 필요성을 못 느낀다. 일하고 싶지만 기초생활 수급자 혜택도 포기하기 어려워 단시간 근무만 원한다. 즉 같은 비용으로 지원고용 프로그램을 운영한다고 할 때 장시간 근무 취업보다 단시간 근무 취업의 가성비가 낮다. 현금 투입 대비 효과가 낮은 셈이다.

따라서 장시간이든 단시간이든 장애인 근로자의 특성에 맞는 맞춤별 취업 지원 서비스가 필요하다. 장애 특성상 단기간 근로가 가능한 사람에게 단시간 직업을 추천하고 장시간 근로를 원하는 구직 장애인에게는 그에 맞게 서비스를 제공해야 한다.

취업했다고 해서 생활을 유지하는 데 필요한 급여를 받지 못하는 불이익이 없어야 근로 동기가 생길 것이고 일을 하면서 성취 동기도 생기게 될 것이다. 정부도 취업하여 근로소득이 발생한 경우 생계 급여의 일정 정도를 차감하여 지원함에 따라 근로 동기를 강화하는 정책을 시행할 필요가 있다.

2) 개인별 능력에 맞는 훈련 기간 확보 및 직업교육 필요

지원고용 프로그램에 있어서 미국은 기간 한정이 없다. 각 개인의 직무능력에 맞추어 실질적인 훈련이 가능하도록 기간을 설정하고 직무지도원이 가르친다. 우리나라도 이런 점을 고려하여 현실적으로 훈련생이 사업체에 적응하도록 현재 3주에서 7주로 되어있는 기간 제한에 유연성을 부여해야 한다.

장애인 각자가 지닌 능력이 다르므로 직무에 적응하고 혼자서 일을 하도록 해야 프로그램의 기본 목적이 달성된다. 그리고 지원고용 제도가 직무지도원의 집중 교육으로 인한 취업 연계 성과가 높으나 기간 제한적인 훈련이기 때문에 직무교육에 있어서 제한이 있다.

따라서 중증 장애인의 취업이 잘되는 직무나 분야에서 소규모 인원이 체계적이고 집중적인 교육을 받고 지원고용 프로그램에 참여하여 취업한다면 수월하게 업무를 익혀 잘 적응할 것이며 취업 후 고용의 지속 기간도 늘어나게 될 것이다.

3) 직무지도원의 보수교육 필요 및 질적 서비스 향상

지원고용 서비스에서 직무지도원의 역할이 가장 중요하다. 지원고용 훈련 기간 전담 직무지도원을 배치할 필요가 있고 역할을 명확히 규정한 기준 및 매뉴얼이 필요하다.(양미리, 2016)

현재는 직무지도원을 위한 별도의 교육과정이 없고 일정 정도의 자격 요건이 충족되면 활동이 가능하다. 직무지도원 위탁기관에서는 지원고용 사업체의 업무 특성을 고려하여 직무지도원을 배치하기보다는 시간과 기타 조건만 고려하여 배치하는 실정이다. 또한 보수교육 과정이 마련되어 있지 않아 지원고용 프로그램에서 있었던 긍정적, 부정적인 피드백이 이루어지지 않아 지원고용 프로그램과 직무지도원의 역량 측면에서 질적 향상에 대한 동기부여 기회가 부족한 실정이다.

따라서 직무지도원을 위한 정기적인 보수교육을 통해 지원고용 프로그램의 질적 향상을 도모할 필요가 있으며 그에 상응하는 직무지도원 보수의 인상도 고려해야 할 것이다.

4) 지원고용 모델의 다양화

미국에서 다양한 형태의 지원고용 모델이 활성화되어 있는 반면 우리나라에서는 개별배치와 소집단 모델이 많이 적용된다. 사업체의 여건과 직무지도원의 지도 편이성이 결합되어 일반화된 결과이다. 앞으로 지원고용 프로그램이 확산되기 위해서는 다양한 방식의 모델 적용이 필요하다. 예를 들어 외부의 전문 직무지도원을 이용한 이동 작업대원 모델, 내부 직무지도원을 이용한 장애인 동료 멘토 등 아직 실행되지 않는 모델의 활용과 다양한 방식의 모델을 시도할 필요가 있다.

다양한 방식의 모델이 적용되면 일반 사업체, 공공기관뿐만 아니라 현재로는 생각하지 못한 직무 분야에서도 중증 장애인이 능력을 발휘하여 고용 기회를 확대하는 결과를 가져올 것이다. 중증 장애인 미술, 악기 연주(합주단), 체육(장애인 체육실업팀) 분야 등 다양한 직무가 개발되어 실제 고용으로 이어지도록 해야 한다.

5) 중증 장애인 맞춤형 고용유지 체계 강화

중증 장애인 지원고용 훈련 기간 직무지도원이 직장생활에 필요한 제반 사항을 지도, 안내함에 따라 직무 적응도 잘하고 큰 문제없이 지원고용을 수료한다. 이에 따라 사업주 입장에서 볼 때 직무수행에 문제가 없으면 근로계약을 체결하고 정식 근로자의 지위를 획득하여 중증 장애인은 희망에 부풀어 회사에 입사하게 된다.

중증 장애인이 입사 후 기존의 훈련환경과 다른 환경에 봉착하면서 불안 등 혼란이 발생하여 정상적인 업무 수행이 어려워지거나 극도의 스트레스로 인해 돌발행동을 하는 경우가 있다. 이로 인해 직장 근로 유지가 불가능하여 퇴사하기도 한다. 직무지도원의 단절로 인해 나타나는 일반적인 현상이다.

따라서 지원고용을 수료하여 취업한 이후에도 일정 기간 서비스가 진행되어야 한다. 장애로 인하여 안정적이고 지속적인 직업 생활에 어려움을 겪는 중증 장애인 근로자에게 근로지원인을 지원하는 서비스가 있다. 근로지원인 배치를 통한 직무지도 서비스 역할 연계로 고용유지가 이루어지도록 해야 한다.

그리고 보조공학기기 지원, 편의시설 지원 등 개인 맞춤형 지원을 통해 중증 장애인이 안정적으로 근로활동을 유지하도록 해야 한다. 중증 장애인에게 다양한 문제가 발생할 수 있으므로 미리 대응 조치가 이루어져야 한다. 일단 문제가 발생하면 근로계약이 해지되거나 중도퇴사가 이루어지므로 근로 유지가 어려워질 가능성이 크다.

중증 장애인이 퇴사 후 다시 고용으로 진입하기 위해서는 처음부터 지원고용을 실시하고, 똑같은 과정을 반복해야 한다. 장애인 개인은 물론 사회적, 국가적으로 많은 비용이 발생한다. 이로 인해 중증 장애인은 심한 열패감을 느끼게 된다. 따라서 중증 장애인 지원고용 수료 후 취업이 된 장애인에게 밀착된 적응 지도와 체계적인 맞춤 서비스 지원을 통해 고용이 계속 유지되도록 해야 한다.

7장

외국사례

지금까지 우리나라와 미국의 중증 장애인 지원고용 제도에 대해서 알아보았다. 더불어 미국 외 선진국에서는 중증 장애인 고용 정책이 어떻게 이루어지는지 살펴보는 것도 중요할 것 같다. 장애인 고용 선진국이라 할 영국, 독일, 프랑스, 스웨덴, 일본의 장애인 고용 정책과 장애인 고용 사례를 살펴본다.

1. 영국

영국의 장애인 복지 정책의 이념은 사회통합과 시민 완전 참여 정책이다. 이념적 토대는 사회적 편견과 차별 제거에 있다. 정책 수립 시 장애인들이 자립하고 정상적인 사회생활이 가능하도록 한다. 국가는 장애인에게 지역사회 완전 참여와 통합의 기회를 최대한 보장해 주고자 하는 기본적인 목표에 따라 정책을 수립하고 지침을 제공한다.(남상만 외, 2000)

영국의 장애인 고용에 관한 최초의 입법은 1944년의 「장애인 (고용)법(Disabled Persons(Employment) Act)」이다. 이 법에 의하여 처음으로 장애인에 대한 고용 서비스가 국가와 지방자치단체 책임 아래 이루어졌다. 정부 주도하에 보호고용을 행하는 렘플로이(Remploy) 공사가 1945년 설립되어 지금까지 운영 중이다.

1) 렘플로이 회사 개요

렘플로이는 모든 유형의 장애인에게 적합한 고용 기회를 창출하고자 설립되었다. 이윤 추구보다는 장애인의 고용 창출과 고용 유지가 설립의 주요 목적이다.

1943년 톰린슨 보고서와 1944년 「장애인(고용)법」에 근거하여 1945년 4월 정부 지원하에 장애인 고용공사로 설립되었다. 1년 후 렘플로이공사라는 이름으로 변경하면서 브리젠드 (Bridgend)에 첫 번째 공장이 설립되었다. 이후 렘플로이는 영국 전역에 기업 네트워크를 발전시켰다. 학교용 가구, 자동차 부품, 경찰과 군대에서 필요한 장비 생산 등 다양한 종류의 사업으로 확장했다.

렘플로이는 컴퓨터 정보사업부인 E-Cyle를 설립하고 50개 이상 도시와 농촌의 CCTV를 모니터하는 관리 서비스 회사를 설립하기도 했다. 1988년부터 상호 취업(Interwork) 제도를 실시 중인데 이는 렘플로이 사업장에서 일정 수준의 기술을 축적한 장애인들이 자기가 원하면 렘플로이 사업장이 아닌 다른 사업장에서 일하도록 하는 제도이다. 이 제도는 장애인들에게 조언, 훈련, 고용 기회를 제공하는 한편 사용자에게도 장애인 근로자의 고용과 유지에 관한 문제들에 대한 컨설팅을 제공한다. 또한 이 제도는 장애인 근로자가 자의 또는 비자의 실업에 의해 렘플로이 복귀를 희망할 경우 언제든지 재입사를 허용해 준다.

2) 고용대상 장애인

일반 노동시장에서 취업이 어려운 중증 장애인으로 다음과 같은 조건을 충족해야 한다. 등록(DRO) 장애인이고, 본인 스스로 일하고자 하는 의지가 있으며, 일정 이상의 공장노동이 가능한 자로 1/3 이상의 노동능력 소유자가 해당된다.

렘플로이공사의 고용을 위한 능력 측정은 장애 종류에 관계없이 일정한 훈련을 받은 후 생산능력을 측정하며 장애인의 1시간 생산능력(질과 양)을 보통 노동자의 20분(1시간의 1/3) 생산능력과 같은 기준으로 측정한다. 현재 렘플로이의 장애 유형별 분포를 보면, 학습, 정신, 신경장애인 40%, 지체장애인 27%, 시각 및 청각장애인 14%, 호흡 및 심장 장애인 7% 그리고 기타 12%이다.

3) 렘플로이의 특징

렘플로이공사의 특징은 첫째, 보호고용에서 일반고용으로 전직을 목적으로 한다. 장애인 개인의 능력개발과 기술교육, 효율적인 인사, 직무관리 등을 통해 일반고용으로 이어지는 취업 알선 체계를 갖췄다. 둘째, 생산품의 안정적인 판로를 보장을 위해 정부 및 지자체 차원에서 소비자 네트워크를 조직하여 운영한다. 셋째, 보호고용과 경쟁고용의 중간 단계로 상호 취업 제도를 둠으로써 장애인에게 기회 제공과 함께 안정된 고용의 가능성을 높인다.

렘플로이공사는 영국에서 장애인을 가장 많이 고용하는 회사이며, 이와 관련하여 포괄적인 서비스를 제공하는 장애인 고용 전문기관이다.

2. 독일

독일은 우리나라와 같이 장애인 의무고용 제도를 채택하였다. 대상이 중증 장애인이라는 점이 우리나라와 차이다. 독일의 통합청은 우리나라 한국장애인고용공단과 유사한 역할을 수행하는 기관으로 주로 중증 장애인 고용과 관련된 업무를 담당한

다. 독일 「사회법전」 제9권 제185조 제3항에 의거하여 고용 상
태에 있는 장애인 근로자의 안정적인 직업 생활 유지에 필요한
서비스 제공을 전담하는 기관이다.

장애인 고용부담금의 징수 및 사용, 해고로부터의 보호, 직업
생활에 수반되는 지원, 중증 장애인을 위한 특별 지원의 일시
중지 결정 등의 업무를 수행하거나 지원하는 역할을 담당한다.
다음은 독일에서 장애인을 모범적으로 고용하는 기업이다.

1) Auticon GmbH 회사 개요

Auticon은 독일 최초로 직원 상당수를 자폐성장애인으로 채
용한 IT 전문 기업이다. Auticon은 현재 베를린, 뒤셀도르프,
뮌헨, 프랑크푸르트, 슈트트가르트, 함부르크 및 브레멘에 지사
를 두어 운영 중이다. Auticon을 설립한 Dirk Müller-Remus
는 아스퍼거 증후 자녀를 둔 부모로서, 발달장애인이 직업훈련
을 잘 받아도 취업이 어려운 현실을 직접 경험하고, 아스퍼거
증후를 가진 발달장애인에게 취업 기회를 제공하기 위해 2011
년에 Auticon을 직접 설립하였다.[1]

---

1. auticon 홈페이지(http://auticon.de/unternehmen), Dirk Müller-Remus는 현재 경영 일선에서는
은퇴한 상태

2) Auticon의 장애인 고용에 대한 기본 이념 및 원칙

Auticon은 자폐를 단순하게 장애로만 보지 않고 오히려 생산성을 높일 수 있는 노동력의 특성으로 보았다는 점에서 의의가 있다. 아스퍼거 증후를 가진 사람들이 사회적 관계에서 의사소통의 어려움이 있지만, Auticon은 이들의 관찰력, 정확성, 집중력, 기억력, 직관력, 논리적 사고력 등에서 매우 뛰어난 능력을 가진 것을 적극 활용한다.

3) Auticon의 장애인 채용 및 배치 현황

Auticon은 높은 집중력이 필요한 소프트웨어를 검사하는 업무 등에 자폐성장애인을 배치하였다. Auticon의 장애인 근로자 채용 과정을 살펴보면, 장애인 입사 신청서류가 접수되면, 1차 선발에서 합격한 장애인에 대해 적성검사를 실시하고, 이후 프로젝트 매니저와 잡코치(Job Coach) 등 전문가의 자문을 토대로 최종 선발한다. 최종 합격자는 3개월간의 인턴 과정을 거치며, 인턴 과정이 진행되는 동안 잡코치의 지원이 이루어지고, 전문가를 통한 교육과정이 함께 진행되며, 이 과정 동안 장애인 근로자의 업무 만족도를 점검한다.

4) Auticon의 전문가 과정 운영

국제 소프트웨어 품질검사기구(International Software Testing Qualifications Board, ISTQB)에서 실시하는 교육과정을 제공하며, ISTQB 시험에 합격할 수 있도록 다양한 지원을 제공한다.

3. 프랑스

프랑스의 장애인 고용 정책은 장애인 의무고용 제도를 근간으로 한다. 1987년 입법 이래 20명 이상이 고용된 산업 및 상업 관련 모든 민간, 공공사업체에서 정원의 6%를 장애인으로 고용하도록 의무화하였다. 이는 1988년 3%를 시작으로 6%까지 점진적으로 상향 조정된 것이다.

프랑스는 고용주의 장애인 고용 의무 충족 방안과 관련해서 다양한 방법으로 고용 의무의 일부나 전부를 충족하도록 한다. 즉 장애인을 직접 채용하거나 장애인 보호 작업장 등과의 하도급 계약 체결도 장애인 고용 의무 이행으로 본다.

장애인의 고용 통합을 위한 공동 계획이나 약정의 수립 및 체결 방식을 통해 의무고용을 이행하도록 다양한 선택적 정책들을 시행한다. 그럼에도 불구하고 기업이 의무고용을 이행하지 못하면 이에 상응하는 기여금(패널티)을 납부하도록 한다.

다음은 프랑스에서 장애인 고용을 모범적으로 수행하는 기업체인 ATF GAIA의 고용 사례이다.

1) ATF GAIA 적응기업 개요

컴퓨터 및 휴대전화 등 IT 기기의 유지 보수 및 부품 재생을 전문으로 하는 장애인 기업으로 직원의 80%가 장애인으로 구성되었다.

2) 장애인 근로 현황

프랑스는 장애등록제를 운영하지 않기 때문에 몇 가지의 장애 유형을 특정하기는 어려우나, 외관상으로 드러나지 않는 다양한 장애를 가진 근로자들이 근무한다.

3) 장애인 고용 시 정부의 지원금

장애인 근로자를 고용하면 1인당 1년간 1만 6천 유로 정도의 지원금을 받는다. 그러나 이 지원금을 가지고 보조공학기기 지원, 각종 편의시설 설치 등도 해야 하므로 많은 액수의 지원금이라고 볼 수 없다.

4) 수익성 확보를 위한 판로개척이나 영업 활동

해당 기업은 민간기업으로부터 중고의 전산 부품을 구입하여 정비, 수리한 후 재판매하여 매출을 창출한다. 민간기업이나, 정부, 공공기관으로부터 사용 연한이 지났거나, 고장난 전산 부품을 구매하여 다시 재가공하여 판매한다.

프랑스에서는 적응기업[2]의 서비스를 이용하거나 상품을 구매해도 장애인 고용으로 인정한다. 정부가 많은 지원금을 지급하기보다, 확실한 판로를 보장해 주기 때문에, 장애인을 80% 정도 고용해도 적응기업을 유지하는데 재정적 어려움 없이 기업을 운영 하게 된다.

---

2. 프랑스의 장애인 고용 관련 주요 법률인 「장애인의 권리와 기회의 평등, 참여와 시민권(L' galit des droits et des chances, la participation et la citoyennet des personnes handicapes)법」의 제정과 시행은 프랑스 장애인 고용 변화에 큰 영향을 주었다. 2005년 법의 주요 내용 중 기존의 보호고용 구조 개편이다. 보호작업장(Atelier Prot g, AP)과 근로지원서비스센터(Les Etablissements et services d'aide par le travail, ESAT)가 별다른 차별성 없이 모두 보호고용 영역에 속하였는데 법 개정을 통해 보호작업장(AP)의 명칭을 적응기업(Entreprises Adapt es, EA)으로 변경했다. 명칭을 변경한 배경은 장애인의 근로 능력을 판정하여 근로 능력 30% 미만이며 의료적 케어가 필요한 장애인은 근로지원서비스센터(ESAT)로, 30% 이상 80% 미만의 장애인은 일반기업인 적응기업(EA)으로 갈 수 있도록 보호고용 영역을 재설계한 데 있다. 특히 적응기업은 일반기업의 형태로 장애인의 직업 적응을 통한 일반 노동시장 진입을 목적으로 한다.

4. 스웨덴

스웨덴은 장애인 고용 문제를 일반 노동시장 정책의 일환으로 해결한다. 특별히 장애인만을 위한 고용관계법이 없다. 장애인 고용은 전 국민 대상의 「고용촉진법」, 「고용안정법」, 「노동환경법」 등에 근거해서 추진한다. 이를 통해 사업주가 노동자의 신체적인 조건과 정신적 조건에 맞춰 물리적 환경과 노동조건을 개선하도록 의무화한다.

스웨덴에서 특징적인 것으로 '조정그룹 제도'가 있다. 조정그룹은 50인 이상 사업장에 의무적으로 설치된다. 사용자와 노동조합, 지역 공공직업안정소 대표로 구성돼 장애인의 고용유지, 배치, 신규 채용 등을 주된 업무로 한다.

스웨덴에 장애인 고용 전문 기업인 삼할(Samhall)이 있다. 삼할은 전국 20개 주에 700여 공장을 운영 중이다.

1) 스웨덴 공공 장애인 기업, 삼할 개요

스웨덴 정부가 운영하는 장애인 중심 기업으로 제조, 조립과 포장, 보수 유지, 청소, 고령자 서비스 등과 관련한 재화와 서비스를 제공하며, 약 700개 사업장이 있다. 1980년에 설립했으며 스웨덴의 2대 기업 규모로 매출은 1조 1천억 원의 수준이다.

삼할은 설립 초기 독특한 형태의 기업그룹으로 장애인에 대한 보호고용을 실시하였다. 스웨덴어로는 재활공장이라는 뜻으로 스웨덴 고용부 산하의 정부출자기업 형태로 공식 명칭은 '스웨덴 사회복지사업단 그룹'이다.

2) 경영이념

삼할 그룹은 정부가 100% 출자한 유한책임 주식회사로서 경영이념과 목표를 보면 첫째, 장애인 고용, 둘째, 중증 장애인 고용에 대한 우선순위 분류, 셋째, 장애인 근로자를 숙련 근로자로 양성하여 일반기업으로 전직시키고, 넷째, 자본주의적 이윤의 추구이다.

3) 장애인 고용 및 주요 직무

전체 근로자 수 2만 3천여 명 중 장애인 근로자가 2만 2천여 명이다. 매년 1,100명 정도의 장애인 근로자가 일반기업으로 이전하여 취업을 한다.

전직 비율은 1980년대 초반에는 3% 수준인 300여 명이었으나, 1988-1989년에는 5.4%로 상승하고, 1990-2004년 기간은 최저 2.2%에서 최고 5.7%로 연도별 차이를 보인다.

취업을 희망하는 장애인 가운데 일반 직장에 취업하기 어려우면 삼할에 우선 채용될 권리가 주어진다.

5. 일본

일본은 장애인 고용을 위한 주된 정책으로 특례 자회사 제도를 시행한다. 이 특례 자회사 제도는 민간기업의 경영 자율성과 독립성을 추구하는 장애인 중심 기업 형태로 민간기업이 주도하여 설립하고 국가가 지원하는 형태의 장애인 고용기업이다.

이 제도는 기업들이 사회적 책무를 다할 수 있도록 도우며, 장애인들에게는 일정한 규모로 보호된 시장환경을 마련해 준다. 이 제도를 벤치마킹하여 한국에서는 자회사형 장애인 표준사업장 제도[3]를 운영한다. 다음은 일본의 특례 자회사로 장애인을 고용하는 대표적인 업체이다.

---

3. 장애인 고용 의무 사업주(모회사)가 장애인 고용을 목적으로 일정 요건을 갖춘 자회사(발행주식 총수 또는 출자총액의 50% 초과 소유)를 설립하고 자회사에서 장애인을 고용한 경우, 모회사에서 고용한 것으로 간주하여 고용률에 산입하고 고용부담금을 감면해 주는 제도

1) (주)후지쯔시스템즈액트 사업체 개요 (모회사 : 후지쯔시스템즈)

설립일은 2011년 1월 7일이며 영업 개시일은 2011년 4월 1일이다. 본사는 도쿄도 미나투고 시바우라에 있으며, 지점은 시나가와, 아오모리, 삿포르, 나가노, 센다이, 니가타, 미야, 요코하마, 오키나와에 있다. 자본금 2,000만 엔이며, 후지쯔시스템즈솔루션즈(현 : 후지쯔시스템즈이스트)가 100% 출자한 일본의 전형적인 특례 자회사이다.

2) 경영이념

경영이념은 보람, 자립, 사회공헌이다. 첫째, 보람은 자기 일에 자부심, 보람을 가지고 개인의 능력을 활용함으로써 후지쯔시스템즈이스트 그룹의 실적 향상에 기여한다. 둘째, 자립은 한 사람의 직업인으로서 사회생활을 실천하고 책임성, 적극성, 미래 포부를 길러, 사회의 일원으로 자립하는 것이다. 셋째, 사회공헌은 항상 새로운 업무의 창출에 도전하고 장애인이 일하는 장소의 확대에 노력하며 풍요로운 사회 만들기에 공헌하는 것이다.

3) 장애인 고용 현황

전체 근로자 수는 60명이다. 장애인 근로자는 43명이고 이들 중 중증 장애인 근로자가 15명이다. 장애 유형은 신체장애 12 명이며 이들 중 중증 장애인은 8명, 지적장애 31명 중 중증 장애인 7명이 근로한다.

4) 주요 업무

모회사 사무 서비스(데이터 관리, 재활용 관련 사무실 환경 정비, 건강 관리)를 위탁받아 운영 중이다. 먼저 데이터 관리는 데이터 입력이다. 설문 등의 필기 문서를 컴퓨터에 입력한다. 자료 전자화는 스캐너를 사용하여 종이 문서를 전자화한다. 박스 파일에 놓인 자료를 복사하며 명함을 인쇄 후 주문 부서에 전달하기도 한다. 점자 명함을 제작하기도 한다.

재활용 업무

중요 폐기 서류 처리 업무는 각 사무실에서 중요 폐기 서류를 회수, 분리 후 분쇄기 파쇄한다. 분쇄 후 종이는 재활용한다. 재활용품 수거는 페트병 뚜껑을 회수하고 세척하여 건축 자재로 재활용한다.

사무실 환경 업무

사업장 청소는 회의실 청소, 회의실 내 화이트보드 닦기이며, 소모품 보충은 각 사무실 소모품(가글, 종이컵, 세제 등)을 보충하는 것이다. 사무용품 관리는 사내 편지 봉투, 메모지 제작 및 배포 등이고, 우편 보조 업무는 외부 발송 우편물 처리, 사내 우편물 배송 및 전달 업무 등이다.

건강관리 업무와 자원봉사 활동

건강관리를 위해 직원 대상 마사지 업무를 한다. 시나가와 오미야, 센다이, 삿포로, 나가노, 니가타, 오키나와에서 1회당 3분 실시한다. 그리고 인근 도로 청소 등은 모회사와 공동으로 진행한다.

나가며

선진국들의 장애인 고용 정책에서 가장 핵심 요소는 장애인 고용을 중요한 정책으로 추구한다는 점이다. 장애인 고용이 돌봄을 사회적으로 분담하는 중요한 요소로 생각한다는 반증이다. 결국 장애인 고용이 돌봄, 사회적 비용 감소, 사회통합이라는 측면에서 가장 효율적이고 효과적인 정책이라는 생각을 한다.

인간 개개인은 인간다운 삶을 누릴 권리가 있다. 그리고 직업을 통해 경제적 독립과 자아실현 및 궁극적 자기결정권이 있는 삶을 살고자 한다. 누구나 한 번뿐인 인생, 소중하고 가치 있는 삶을 살도록 해야 한다. 특히 중증 장애인에게도 동일하게 적용되어야 한다.

중증 장애인에게 지원고용은 장애인 취업 및 이를 통한 독립 생활을 제공하여 경제적 독립과 자아실현에 도움을 준다. 아울

러 인간다운 삶에 도움이 되기 위해서는 장애인 보호자의 돌봄 역할을 사회와 기업에서 분담하도록 사회 환경 및 시스템 마련이 필요하다. 중증 장애인 지원고용은 이런 역할을 충실히 수행해 왔다. 향후 발전 개선을 위해 몇 가지 제안하고자 한다.

첫째, 전담인력 배치가 필요하다. 지원고용 전문인력 지원을 위한 자격 기준은 장애인 재활 관련 자격이 있으며 관련 경력을 갖추는 것이다. 위탁기관은 사회복지사 인건비 지원기준으로 4급 3년 정도의 경력을 갖춘 인력이 배치되기를 원했다. 현재 위탁기관은 사회복지사 1호봉 기준으로 전문인력이 지원되고 있는 점을 감안할 때 지원 기준을 높이기 위해 예산 지원이 필요해 보인다.

약정기간 조정을 통해 전문인력 고용안정을 제안한 위탁기관도 있었다. 현재의 1년 단위가 아닌 2년 이상의 약정기간 설정을 통해 전문인력의 고용안정성과 전문성을 기대해 보자는 의견이다. 실제 비슷한 전달체계로 운영되는 타 부처의 일자리 사업의 경우도 약정기간의 확대를 통해 사업 운영의 유연화, 안정성 및 지속성 유지가 이루어진 적이 있다.

그러나 약정기간 조정이 자칫 위탁기관으로 하여금 사업에 대한 추가 부담으로 작용할 수 있다는 점은 감안하여야 한다. 위탁기관의 의견에서 가장 많이 언급된 부분 또한 실적에 대한 부담감인 만큼 약정기간 조정이 위탁기관의 또 다른 부담으로 작용할 여지를 제공하지는 않는지 등을 충분히 고려해야 할 것이다. 이를 위해 공단과 위탁기관 간 충분한 의견교환이 선행되어야 한다.

둘째, 지원고용 대상 및 지원인력 적정 수당 지급을 위한 노력이 필요하다. 과거부터 현재까지 계속해서 요구하는 것이 지원고용 훈련생의 수당 적정성 확보이다.

공단에서 실시한 설문조사에 응답한 많은 위탁기관에서 훈련생 수당에 관한 의견을 내놨다. 지원고용은 실제 사업체에 배치되어 그곳에서 수행하는 '실제 일'을 훈련 형식으로 실시한다. 현재 진행되는 지원고용의 성격에 대한 응답에서도 '실제 일' 성격이 59.2%로 나타났다. 지원고용이 훈련 성격으로 운영되더라도 사업체에 우선 배치되어 실제 작업을 수행한다는 점과 지원고용 수료 이후 많은 수의 훈련생이 고용으로 이어지는 점은 지원고용 훈련이 고용의 연속선상에 있다고 볼 수 있다.

이런 점을 감안하여 지원고용 훈련생의 수당(일비)을 높이기 위해 적극적으로 노력할 필요가 있다. 그러나 적정한 수당 기준을 설정하기 위해서는 현재 각 위탁기관마다 달리 적용하는 훈련 시간, 일수 등에 대한 표준화 작업이 이루어진 후 가능할 것으로 보인다.(이수용 외, 2022)

한편 지원고용 서비스에 있어 핵심 역할을 수행하는 직무지도원의 수당 수준에 대한 고민도 필요해 보인다. 실제 지원고용의 경우 직무지도원의 외근이 많다. 차량을 보유한 경우 유류비와 주차비 등의 비용을 직무지도원 자비로 처리하는 사례도 있다. 미국도 우리나라와 같이 직무지도원의 수당 수준이 낮아 이직이 잦고 이로 인해 전문인력의 유입이 어려운 것으로 나타났다.

이 같은 문제점을 해결하고자 직무지도원에게 성과(직무지도 이외 직무개발 등의 추가 업무 수행)에 따라 추가 성과급 지급이나 자기 차량 이용에 도움이 될 수 있는 부대비용(엔진오일, 타이어 교환 등)을 지급하는 것으로 나타났다. 우리나라도 직무지도원 처우에 관해서는 훈련생만큼이나 많이 거론되는 문제인 만큼 현 지원고용 서비스 제도의 지원 범위 안에서 가능한 지원 방안 마련을 고민할 필요가 있다

셋째, 지원고용 서비스 대상 확보를 위한 노력이 요구된다. 지원고용 실시 민간 위탁기관을 대상으로 한 설문조사에서 지원고용 사업의 가장 큰 어려움으로 조사된 것은 훈련생과 직무지도원 등의 지원고용 구성 인력 모집의 어려움이었다. 또한 지원고용 운영을 위해 가장 필요한 지원도 지원고용 훈련생 모집에 대한 지원, 배치기관 발굴에 대한 지원이었다.

이런 어려움에 대해 조금 더 자세히 알아보기 위해 실시한 3가지 요소(훈련생, 사업체, 직무지도원)별 상대 비교 결과에서는 지원

고용 훈련생 모집이 사업체 발굴, 직무지도원 모집에 비해 어려움에 대한 비중이 조금 더 큰 것으로 나타났다. 그러나 3가지 요소 간 차이가 크지 않은 것으로 보아 위탁기관에서는 훈련생 모집, 사업체 발굴, 직무지도원 모집 모두 부담으로 작용하는 것으로 보인다.

위탁기관 자체의 노력도 중요하지만 외부 인지도나 공신력이 더 큰 공단의 지원고용 사업 홍보 지원도 필요하다는 의견이 있었다. 공단 차원에서도 지원고용 사업 확장을 위해 홍보를 강화할 필요가 있다.

넷째, 지금 장애인도 점점 고령화되는 추세이다. 중년과 고령 장애인의 근로능력을 유지하고 활동능력을 증진하기 위한 프로그램 개발이 필요하다. 중년과 고령 장애인의 장기 고용을 위한 노력이 이루어지지만 근로자의 고령화는 사업체의 생산성 저하와 경쟁력 감소로 이어져 부담으로 작용하는 것이 현실이다. 노화는 작업장 보건 및 안전 문제로 이어질 수 있다.

최근 단시간(3-5시간) 일자리가 증가하면서 근로시간 외 대부분을 혼자 지내는 중년과 고령 발달장애인 근로자를 위해 신체능력 강화 프로그램, 소근육 강화 프로그램, 인지능력 증진 훈련 등 지역사회 내 참여 가능한 프로그램을 개발하고 이용하도록 서비스 전달체계를 정비할 필요가 있다. 프로그램은 사내에서 가능한 프로그램과 근로시간 외 연계기관을 이용한 프로그램 등 사업장의 여건과 장애인 당사자의 접근성을 고려하여 제 공할 필요가 있다.

지금 일부 사업장에서는 문화생활을 지원하는 동아리 활동, 발달장애인 근로자 체중 관리 등을 사내에서 실시하기도 한 다. 사업장 여건에 따라 가능한 프로그램을 운영하거나 외부기 관이 인지 재활 프로그램 등을 운영하는 방안도 가능할 것이 다.(변민수 외, 2022)

결국 이런 프로그램은 단시간 근로자에게 여가 및 문화활동 증진을 통해 사회성을 향상시키고, 근로 의욕을 고취시킨다. 그 리고 이런 프로그램을 통해 돌봄의 역할을 수행함에 따라 장애 인 보호자는 돌봄 부담을 덜게 된다.

다섯째, 보다 다양한 직무영역의 개발을 위한 노력이 이루어 져야 한다. 과거 단순 제조에서 현재 문화, 예술, 체육 영역으로 확대되었지만 4차 산업혁명 시대에 부합하는 다양한 영역의 직무개발이 필요하다. 그래야 다양한 중증 장애인 유형에 부 합하는 지원고용의 기회가 부여되고, 더불어 중증 장애인이 취 업에 참여하도록 동기부여도 될 것이다. 새로운 직무는 장애인 취업 후 근로조건이 양호해서 장기근속을 유지하는 사업체를 발굴하여 지속가능한 장애인 고용 확대가 이루어져야 한다.

이상과 같이 중증 장애인의 취업은 보호자의 돌봄 부담으로 인해 삶의 만족도가 감소하는 것을 유의미하게 낮추는 것으로

나타난다.(박종빈 외, 2022)

　앞으로 지원고용을 통한 취업과 관련하여 다양한 정책 방안이 마련되어야 할 것이다. 2022년 장애인 경제활동 실태조사 결과 중증 장애인 경제활동 참가율은 22.3%, 고용률은 21.05%인 것으로 나타났는데, 이는 전체 장애인 경제활동 참가율 36.0%, 고용률 34.3%보다 낮은 수치이다.(2022년 장애인 경제활동 실태조사, 2023)

　이런 결과는 아직까지 중증 장애인의 취업은 상대적으로 경증 장애인보다 어렵다는 걸 보여 준다. 중증 장애인의 고용률 향상을 위한 다양한 법적, 제도적인 개입 방안이 마련되거나 보완되어야 할 것이다. 그러기 위해서는 중증 장애인 지원고용 사업을 더욱더 발전시켜 중증 장애인에게는 고용이 되고 중증 장애인 보호자에게는 돌봄에서 좀 더 자유로운 사회로 발전해 나가야 할 것이다.

　중증 장애인 고용효과는 먼저 기업의 생산성 증가로 이어지며, 장애인은 근로소득을 통해 경제적 자립을 이룩하게 된다. 장애인 보호자는 돌봄 이외 생산적 활동을 통해 돌봄의 굴레에서 벗어나 해방감을 느낀다. 이런 기회비용 측면을 볼 때 국가의 사회적, 경제적 효과는 매우 크다. 지원고용이 좀 더 일반화되어 누구나 어디서나 언제든 서비스를 받을 수 있도록 모두가 노력해야 할 것이다.

참고문헌

학술잡지

- 강위영, 「중증 장애인을 위한 지원고용 프로그램의 모형」, 『직업재활연구』, 3, 5-22, 1993
- 김무웅, 오길승, 「지원고용 프로그램의 실태 및 문제점 분석연구. 『직업재활연구』, 16(1), 125-147, 2006
- 김종인, 이상진, 이종길, 우주형, 「지원고용의 한국적 모형개발에 관한 연구」, 『직업재활연구』, 11(2), 31-68, 2001
- 나운환, 「한국 지원고용 서비스의 중증 장애인 고용 확대 방안」, 『직업재활연구』, 26(2), 1-14, 2016
- 노혜영, 박승희, 「지적장애인의 4년차 지원고용 평가에 대한 질적 연구-근로자 상사, 동료 및 직무지도원의 경험을 중심으로」, 『장애와 고용』, 23(1), 235-271, 2013
- 박미진, 김기룡, 「발달장애인 평생교육 운영 현황 및 과제: 장애인야학을 중심으로」, 『The Journal of Special Children Education』, 21(3), 167－196, 2019
- 박선희, 박승희, 「전국 지원고용 담당자의 지원고용 과정에 대한 직무실행도 및 직무 곤란도」, 『직업재활연구』, 19(2), 5-34, 2009
- 박세진, 나운환, 이임규, 「직무지도원 역할요인에 관한 연구」, 『재활복지』, 14, 41-65, 2010
- 연명모, 정지웅, 「한국장애인고용공단 취업알선사업 성과평가」, 『장애와 고용』, 23(4), 85-111, 2013
- 오길승, 「미국에서의 지원고용 프로그램 파급효과」, 『직업재활연구』, 8, 71-88, 1998

- 오길승, 「지원고용 프로그램의 한국적인 적용에서의 문제점과 개선 방향」, 『직업재활연구』, 15(1), 45-73, 2005
- 오수경, 「소득보장제도의 장애인 직업재활 프로그램 운영 방안」, 『직업재활연구』, 14(2), 225-254, 2004
- 유은주, 유완식, 조성한, 「장애인 고용장려금의 고용-임금 효과 분석」, 『한국정책학회보』, 25(3), 301-325, 2016
- 이달엽, 양지은, 김태영, 「직무지도원 요인이 지원고용 프로그램 성공에 미치는 영향」, 『재활복지』, 7, 100-126, 2003
- 이병우, 「미국의 장애인 직업재활 동향」, 『장애와 고용』, 4(3), 42-45, 1994
- 이환복, 「장애인 고용기업의 장애인 고용인식이 장애인 고용률에 미치는 영향 : 고용만족도 매개효과와 의무고용달성 여부의 조절 효과」, 『장애와 고용』, 28(4), 5-36, 2018
- 정영순, 오수경, 「한국 국민연금제도와 미국 사회보장 장애연금제도 비교연구」, 『사회보장연구』, 17(1), 91-122, 2001
- 조성열, 「미국 재활법의 이해」, 『직업재활연구』, 13(1), 205-233, 2003

- Dokumaci, A., "People as affordances building disability worlds through care intimacy", Current Anthropology, 61(S21), S97–S108, 2020
- Ginsburg, F., & Rapp, R., "Disability worlds" In Annual review of anthropology (Vol. 42, Issue 1, pp. 53–68). Annual Reviews, 2013
- Ginsburg, F., & Rapp, R., "Cripping the new normal" Making disability count. Alter, 11(3), 179–192, 2017
- Mckearney, P., "L'Arche, Learning Disability, and Domestic Citizenship: Dependent Political Belonging in a Contemporary British City", City and Society, 29(2), 260–280, 2017
- McKearney, P., & Zoanni, T., "Introduction: For an Anthropology of Cognitive Disability", Cambridge Anthropology, 36(1), 1–22, 2018
- Rapp, R. & Ginsburg, F., Enabling disability: rewriting kinship, reimagining citizenship, Public Culture, [s. l.], 13(3), 533-556, 2001
- Sandahl, G., "Capital budgeting methods among Sweden's largest groups of companies.

The state of the art and a comparison with earlier studies", International Journal of Production Economics, 84(1), 51-69, 2003
- Schalk, S., "Coming to Claim Crip: Disidentification with/in Disability Studies", Disability Studies Quarterly, 33(2), 2013
- Wehman, P., & Kregel, J., "Supported competitive employment for individuals with autism and severe retardation: Two case studies", Focus on Autistic Behavior, 3(3), 1-13, 1988

저서

- 강위영, 나운환,『직업재활개론』, 나눔의 집, 2001
- 그린커, 로이 리처드,『정상은 없다 : 문화는 어떻게 비정상의 낙인을 만들어내는가』, 메멘토, 2022
- 김도현,『차별에 저항하라 : 한국의 장애인 운동 20년 1987~2006년』, 박종철출판사, 2007
- 김도현,『한국 장애인운동. 대한민국 인권 근현대사4 인권운동사』, 국가인권위원회 발간자료., 2019
- 남상만, 나운환, 유명화,『장애인 복지개론』, 홍익재, 2000
- 노규호,『노들장애인야학의 성인발달장애인 교육 연구』, 2021
- 데이비드 파이퍼 외,『장애를 다시 생각한다』, 이동석, 이하림, 이유림 옮김, 그린비, 2021
- 박희찬,『지원고용의 이해와 적용』, 학지사, 2017
- 브뤼노 라투르,『인간 · 사물 · 동맹 : 행위자네트워크 이론과 테크노사이언스』, 홍성욱 엮음, 이음, 2010
- 송근원, 김태성,『사회 복지 정책론』, 나남 출판, 1995
- 아네마리 몰,『바디 멀티플 : 의료실천에서의 존재론』, 송은주, 임소연 옮김, 그린비, 2022
- 콜린 반스, 마이클 올리버, 렌 바턴,『장애학의 오늘을 말하다 : 차별에 맞서 장애 담론이 걸어온 길』, 김도현 옮김, 그린비, 2017
- 톰 셰익스피어,『장애학의 쟁점 : 영국 사회모델의 의미와 한계』, 이지수 옮김, 학지

114

사. 2013

- Desjarlais, R, The Makings of Personhood in a Shelter for People Considered, 1999
- Gibson, J., Perceiving, Acting and Knowing: Toward an Ecological Psychology (R. Shaw & J. Bransford, Eds.). Lawrence Erlbaum, 1977
- Kafer. Feminist, Queer, Crip. Bloomington: Indiana University Press). Concretizing the methodology and solidarity of intersectionality from disability. 2013

- Schalk, S., Coming to Claim Crip: Disidentification with/in Disability Studies. Disability Studies Quarterly, 33(2), 2013
- Simplican, S. C., The capacity contract : intellectual disability and the question of citizenship. 181, 2015
- Sowers, J.A., & Powers, L.. Vocational preparation and employment of students with physical and multiple disabilities, Paul H. Brookes Publishing Co, 1989
- Wehman, P., & Bricout, J., Supported employment and natural supports. In P. Wehman (Ed.), Supported employment in business: 2001
- Wehman, P., Sale, P., & Parent, W., Supported employment: Strategies for integration of workers with disabilities: From research to practice, Andover, MA: Butterworth Publishing Co, 1995

편저서

- 강동욱, 『장애인 고용제도 발전방향 연구』, 노동부, 2006
- 김무웅, 윤영임, 조윤희, 정수화, 『한국의 지원고용 프로그램의 문제점과 개선 방안 연구』, 기본과제보고서, 1-267.구, 16(1), 125-147, 2005
- 김성희, 변경희, 이성애, 정희경, 이민경, 『주요 선진국 장애 판정제도 현황 및 정책적 시사점 연구』, 2012
- 박승희, 홍정아, 최재완, 김은하, 최선실, 박선희, 최금숙, 『대학교 내에서 지적장애인 지원고용 프로그램의 실행과 성과』, 위탁과제보고서, 1-178 2008
- 박종빈, 이수용, 『발달장애 보호자의 돌봄 부담이 보호자 삶의 만족에 미치는 영향

: 발달장애 당사자의 취업으로 인한 조절효과를 중심으로』, EDI 장애인 고용 정책 Issue Brief, 1-6, 2022

- 변민수, 장세영, 『발달장애인 근로자 고령화에 따른 지원방안 연구』, 정책연구보고서, 2022
- 서울시 장애인 복지정책, 『2020년 서울형 권리 중심 중증 장애인 맞춤형 공공일자리 사업(시간제 · 복지형) 추진계획』, 2020
- 서울시 장애인 복지정책과, 『장애인 거주시설 변환사업 표준 매뉴얼』, 2021
- 서울장애인차별철폐연대, 『2020년 서울시 장애인 정책 및 예산 요구』, 2019
- 심진예, 곽정란, 김위선, 남용현, 변영환, 윤경인, 『OECD 주요국 장애인 고용 사업주 지원제도 비교 연구』, 기본과제보고서, 1-248, 2016
- 심진예, 김경아, 김용탁, 남용현, 박자경, 이국주, 『장애인 고용 정책 국제 비교연구』, 기본과제보고서, 1-391, 2006
- 심진예, 남용현, 강필수, 『중증 장애인 고용 활성화를 위한 근로지원인 제도 도입방안』, 기본과제보고서, 1-144, 2005
- 엄승연, 『직업재활시설 연계고용 활성화 방안』, 기본과제 보고서, 1997
- 유완식, 유은주, 『장애인 고용촉진 및 직업재활 기금의 효율적 운용 방안』, 기본과제보고서, 1-188, 2013
- 유완식, 장창엽, 김용탁, 심진예, 김종진, 『장애인 의무고용률 조정방안』, 기본과제보고서, 1-83, 2009
- 유은주, 김언아, 박치성, 『공단 고용 서비스 효율적 수행방안 연구』, 기본과제보고서, 1-178, 2016
- 이금진, 『장애인 고용 정책 비교연구』, 기본과제보고서, 1-240, 2001
- 이민영, 『장년 장애인 고용확대를 위한 직업영역개발』, 연구자료, 125-146, 2017
- 이민영, 김용탁, 홍정무, 『직무지도원 효율적 운영방안』, 기본과제보고서, 1-116, 2015
- 이수용, 박미량, 『지원고용 서비스 과제와 향후 발전방향 연구』, 조사통계분야의 연구보고서, 1-55, 2022
- 이수용, 박미량, 『지원고용 서비스 과제와 향후 발전방향 연구』, 조사통계분야의 연구보고서, 2022

- 이인재, 김필두, 남기철, 이현주, 대통령자문빈부격차·차별시정위원회. 보건복지부 보도자료. 2010, 2006
- 이채식, 『공단의 지원고용 사업』, 한국장애인고용촉진공단, 227-247, 1999
- 장애인경제활동실태조사, 한국장애인고용공단, 2022
- 전영환, 『지원고용 프로그램의 고용성과 분석』, 세미나·토론회, 227-252, 2010
- 전영환, 『지원고용 사업평가』, 기본과제보고서, 1-128, 2012
- 전영환, 김언아, 김종진, 『공단 지원고용프로그램 평가』, 기본과제보고서, 1-78, 2009
- 전영환, 박창수, 김종진, 『중증 장애인 가산제도가 장애인 고용에 미치는 영향분석』, 기본과제보고서, 1-76, 2008
- 전택승, 『기금의 투자적 성격』, 한국조세재정연구원, 2003
- 정수화, 조윤희, 김무웅, 『장애인고용네트워크를 활용한 고용사례집 : 정신지체인 주유소 세차직무를 중심으로』, 기본과제보고서, 2005
- 최진, 강세윤, 김종인, 『근로능력에 따른 중증 장애인 판정기준』, 기본과제보고서, 1-148, 2001
- 한국장애인개발원, 『해외 선진사례를 통한 직업재활센터 확충방안』, 2016

학위논문

- 김대현, 『장애인 고용촉진정책에 관한 연구』, 중앙대학교 행정대학원 석사학위논문, 2004
- 김민정, 『한국과 미국의 중증 장애인 지원고용제도 비교연구』, 부산대학교 석사학위논문. 2019
- 김성철, 『중증 장애인의 고용활성화 방안』, 조선대학교 정책대학원 석사학위논문, 2008
- 김현정, 『장애 판정 및 직업재활 체계 개선방안』, 연세대학교 보건대학원 석사학위논문, 2009
- 박성호, 『장애인 고용 활성화를 위한 재원조성 현황과 개선방안에 관한 연구』, 창원대학교 석사학위논문, 2013
- 양미리, 『미국 장애인 직업재활 서비스연구 : "급여대상과 급여내용을 중심으로"』, 서

울사이버대학교 휴먼서비스대학원 석사학위논문, 2016
- 유은주,『중증 장애인 고용 정책설계에 관한 연구 : 장애인 고용촉진 및 직업재활법을 중심으로』, 중앙대학교 석사학위논문, 2014
- 이상진,『중증 장애인 근로지원인서비스 이용실태에 관한 연구-근로지원인 지원사업 수행기관을 중심으로』, 한신대학교 대학원 석사학위논문, 2010
- 정재우,『장애인차별과 완화정책에 관한 연구 : 한국과 미국의 제도비교를 중심으로』, 한영신학대학교 석사학위논문, 2013
- 조선신,『장애인 고용제도의 개선방안에 관한 연구』, 건국대학교. 석사학위논문, 2011
- 최바름,『권리 중심 공공일자리사업에서 최중증발달장애인의 노동자 되기 : 권리, 인간됨, 노동』, 연세대학교. 석사학위논문, 2023
- 허아름,『중증 장애인 취업 영향 요인에 관한 연구』, 연세대학교 행정대학원 석사학위논문, 2018
- 홍인식,『장애인의 직업재활 개선방안에 관한연구』, 단국대학교 석사학위논문, 2008

기타

- 노동부 www.molab.go.kr
- 뉴욕 교육부 www.acces.nysed.gov/vr
- 미국 고용노동부,
- www.doleta.gov/business/incentives/opptax
- 미국 교육부 www.ed.gov/index.jhtml
- 미국 노동부 장애인고용정책국(Office of Disability   Employment Policy 및 One-Stop Career Center)
- 미국 보건 및 휴먼서비스부 www.hhs.gov
- 미국 원스톱커리어센터 www.careeronestop.org
- 미국 인구조사국 American Community Survey, 2013
- 보건복지부 등록장애인현황, www.mw.go.kr
- 서울시 장애인복지정책과, 「2020년 서울형 권리중심 중증 장애인 맞춤형 공공일자

리 사업(시간제 · 복지형) 추진계획」
- 서울장애인차별철폐연대, 「(긴급)코로나19 서울시 장애인 재난 대책요구 및 2021년 서울시 장애인 예산 요구안」, 2020
- 서울특별시, 「장애인복지 사업안내」, 2022
- 통계청(2019), www.nso.go.kr
- 통계청(2021), www.nso.go.kr
- 한국노동연구원, www.kil.re.kr
- 한국장애인고용공단 고용개발원, www.edi.kepad.or.kr
- 한국장애인고용공단 사이버연수원, cyedu.kead.or.kr

한뼘문고 09

돌봄과 지원고용

초판 1쇄 펴낸날 2025년 7월 17일

지은이 이환복 기획처 돌봄과미래

펴낸이 이보라 펴낸곳 건강미디어협동조합

등록 2014년 3월 7일 제2014-23호 주소 서울시 중랑구 사가정로49길 53

전화 010-2442-7617 팩스 02-6974-1026 전자우편 healthmediacoop@gmail.com

값 9,000원 ISBN 979-11-87387-46-6 03330